30살 백만장자 투자일기

30살 백만장자 투자일기

홍종호 지음

매일경제신문사

·
·
·
·
·

이 책을 펼친 당신은 이미 부자가 되었다

나는 올해 서른 살이고, 백만장자가 되었다. '백만장자'라는 단어는 사람마다 받아들이는 온도가 다르다. 10억 원은 누군가에겐 평생 손에 쥐기 어려운 금액일 수 있고, 또 누군가에겐 여전히 부자라 부르기엔 애매한 숫자일지도 모른다. 하지만 내게 이 숫자는 분명한 의미를 지닌다. 어릴 적 막연히 그려왔던 삶의 모습에 한 걸음 가까워졌다는 감각. 그리고 더 이상 '돈 때문에 포기해야 할 것들'을 고민하지 않아도 되는 자유. 이 자산은 내게 단순한 숫자가 아니라, 학습과 도전, 확장이라는 인생의 흐름을 지켜낼 수 있는 지속 가능한 발판이 되었다.

내가 투자를 시작한 시기는 2020년 코로나가 휩쓸던 시기였다. 당시 나는 5,000만 원 남짓의 시드를 가지고 있었고, 5년이 지난 현

| 매도금액 | 498,259,704원 | 매수금액 | 309,296,962원 |
| 단순손익 | 124,122,292원 | 거래비용 | 17,826,854원 |

● 2020~2022년 <국내주식 및 ETF 수익> 약 1억 2,500만 원

종목명	평가손익 수익률	보유수량 가능수량	매입금액 평가금액
아이온큐 IONQ	+18,126,754 +491.00%	244 244	3,691,752 21,882,440
스트래티지 MSTR	+10,607,266 +461.64%	30 30	2,297,690 12,943,058
아이렌 IREN	+31,629,484 +323.19%	480 480	9,786,611 41,544,419
테슬라 TSLA	+43,221,052 +151.40%	113 113	28,546,900 72,019,364
코인베이스 글로벌 COIN	+22,370,135 +97.73%	92 92	22,887,504 45,428,420
리커전 파머슈티컬스 RXRX	+3,574,234 +21.43%	2,061 2,061	16,676,500 20,343,277

총 평가손익(원) +129,528,924 +154.40%

기간 누적 손익
472,138,352 KRW

기간 누적 수익률
94.47 %

기간 평균 투자금액
499,744,097 KRW

기간 누적 손익
275,149,122 KRW

기간 누적 수익률
33.64 %

기간 평균 투자금액
817,843,576 KRW

● 2023년~현재 <미국주식 개별주>
약 1억 3,000만 원

● 2023년~현재 <비트코인·이더리움 등 가상화폐>
약 7억 5,000만 원

재 나의 자산은 30배 이상 불어났다. 현재는 미국주식, 가상화폐 위주로 포트폴리오를 운용하며, 다음 목표인 100억 원을 향해 달려가고 있다.

자, 본론 들어가기 전에 한 가지 짚고 가자. 나는 여러분들이 자주 접한 '흙수저가 기적처럼 성공한 사연'의 주인공은 아니다. 어릴 때부터 라면만 먹고 자란 것도 아니고, 굶주린 청춘은 더더욱 아니다. 초등학생 시절 아버지는 증권사에 다니셨다. 하지만 아버지께서 가정교사처럼 나에게 투자 강의를 해준 것도 아니다. 그냥 가끔

집에서 주식 방송 좀 보고, 노트북 화면에 뜨는 차트의 모습만 희미하게 봤을 뿐이다. 그게 전부다. 어깨너머로 '투자는 나쁜 게 아니다' 정도만 배운 셈이다.

한 가지 더, 나는 기본적 경제 지식을 갖춘 사람이 아니다. 대학 시절 경제나 경영을 전공하지도 않았고, 오히려 직장생활을 시작하고 나서야 본격적으로 돈에 대해 고민하게 되었다. 유튜브에 올라온 무료 강의를 몇 개를 보면서 차트에 대한 감만 조금 익혀봤고, 기업 분석도 해보려 했지만 솔직히 말하면 '수박 겉핥기'에 가까웠다. PER, PBR, 재무제표 같은 건 단 한 번도 직접 분석한 적 없다.

이쯤에서 여러분들은 이렇게 생각할 수 있다. "운 좋게 돈 번 거 가지고 자랑하는 건가?" 절대 아니다. 나는 수십 개 종목을 거래했고, 그 대부분에서 세 자릿수 수익률을 기록했다. 이 모든 게 단순한 우연일까? 신이 점지한 행운 덕분일까? 그랬으면 복권부터 샀지, 주식이나 코인을 왜 했겠나. 나에게는 명확한 투자 철학과 원칙이 있었고, 그 기준에서 단 한 번도 벗어나지 않았다.

나는 오직 명확한 철학과 원칙만으로 투자해 왔다. 그렇기에 가능했고, 더 많은 사람들에게 말하고 싶었다. 투자는 어렵지 않다. 오히려 복잡하게 접근할수록 실패할 확률은 높아진다. 만약 내가 차트 분석, 파동 분석, 파생상품 매매 등 흔히 말하는 전문가들의 방식을 따랐다면, 지금쯤 나는 파란불이 가득한 주식계좌를 들여다보고, 물린 주식에 물을 타 가며 성실히 살아갔을 것이다.

그렇기에 나는 전하고 싶다. 왜 나에게 투자는 쉬웠는지, 어떤 생각으로 접근했는지, 그리고 무엇이 나에게 백만장자라는 결과를 안겨줬는지. 이 글은 단순한 성공 자랑이 아니다. 내 경험을 바탕으로 당신이 참고하고, 변형하고, 적용할 수 있도록 구성했다. 내가 겪은 과정이 누군가에게 '가능성'이라는 씨앗이 되기를 바란다.

물론 당신이 이 책을 읽는다고 워런 버핏이 되지는 못할 것이다. 그건 소수의 전문가, 혹은 시장을 집요하게 파고드는 사람들의 영역이다. 우리가 지금 이야기하려는 투자란, 그런 세계적인 투자 귀재의 방식과는 거리가 있다. 우리가 말하는 건 삶의 질을 조금 더 끌어올리는 투자다. 월급만으로는 도저히 도달할 수 없던 시간의 여유, 하고 싶은 일을 선택할 수 있는 자율성, 그리고 무엇보다도 타인의 시선이나 시스템에 덜 휘둘리는 삶. 그런 삶을 가능하게 해줄 자산, 그건 충분히, 정말 충분히 당신도 가질 수 있다.

내가 걸어온 방식이 특별해서가 아니다. 오히려 너무나 단순하고, 누구나 반복할 수 있는 원칙들이었기에 가능하다. 이제 나는 그 원칙들을, 천천히 그러나 분명하게, 당신에게 전하고자 한다. 당신은 할 수 있다. 지금 이 책을 읽고 있다는 것만으로도 충분하다. 어렵게 시작하지 않았다면, 어렵게 가야 할 이유도 없다. 부자는 이렇게 조용히 방향을 바꾸는 사람에게 오는 이름이다. 그러니 걱정 말고, 계속 읽어 가면 된다. 이 글을 쓰고 있는 나는 확신한다. 당신은 할 수 있다. 그리고 결국 부자가 될 것이다.

차례

PART 2

흔들리지 않는 편안함, 기본기 습득:
기초 없는 건물은 무너진다

PART 3

부자로 다시 태어나다, 투자습관 체화:
당신의 일상이 당신의 수익을 만든다

포트폴리오는 인생의 발자취: 인생의 사이클에 맞는 최적화

인생의 대반전:

투자 성공의 4단계 프로세스

수십억 원의 투자수익, 보기엔 단순한 숫자처럼 보일 수 있다. 하지만 그 뒤에는 숱한 시행착오와 후회, 긴 시간에 걸친 내면의 전환, 그리고 나 자신을 무너뜨리고 다시 세워가는 과정을 포함한, 결코 짧지 않은 여정이 존재한다. 나는 처음부터 투자를 잘했던 사람이 아니다. 오히려 초창기에는 돈을 잃을 수밖에 없는 모습의 집합체였다. 감에 의존해 매수하고, 남의 말을 듣고 흔들리고, 수익이 나면 우쭐해지고, 손실이 나면 남 탓을 하며 원망했다. 그때의 나는 투자를 통해 '돈을 벌겠다'는 생각만 있었지, '투자가 무엇인지'를 제대로 이해하지 못했다.

하지만 돌이켜보면, 그 시간은 결코 헛되지 않았다. 내가 얻은 단 하나의 성과가 있다면 그건 수익도, 기술 습득도 아닌 '포기하지 않고 계속 시도했다'는 사실 그 자체였다. 나는 정말 많은 길을 헤맸다.

어떤 날은 단타에 몰두했다. 장 초반 30분, 호가창만 바라보며 긴장된 손끝으로 매수 버튼을 눌렀고, 몇 초 사이 수익과 손실이 오가는 그 게임에서 흥분과 좌절을 몇 번씩이나 오갔다. 어떤 날은 채권을 공부하며 '안정성'이라는 단어에 매달렸다. '이번엔 좀 지켜야겠다'는 마음으로, 조금은 지루하고 느리지만 잃지 않는 투자에 집중해보려 했다. 그러다 또 어느 순간, 차트 분석에 빠져들었다. '이번에는 진짜다'라는 근거 없는 확신과 함께 전 재산을 특정 종목에 베팅하고, 불안한 밤을 뒤척이며 휴대폰으로 종가를 확인하곤 했다. 기대, 후회, 흥분, 공포… 매일 다른 감정 속에 흔들리며 나는 수많은 선택을 했다.

그 모든 시도는 지금 생각해보면 미숙했고, 방향감각도 없었지만 그 속에는 '늘 무언가를 알고 싶다, 내 안의 무지를 뚫고 나가고 싶다'는 갈망이 있었다. 그리고 나는 그 과정을 가능한 한 모두 기록했다. 수익이 났을 땐 왜 그랬는지, 손실이 났을 땐 무엇을 놓쳤는지. 기록 속의 나는 늘 흔들리고 있었지만, 그 흔들림 하나하나가 흔적이 되어주었다.

그렇게 더듬더듬 나아가며 나는 점점 어떤 '반복'의 존재를 감지하기 시작했다. 정확히 알 수는 없었지만, 성공할 때는 늘 어떤 기준을 지켰던 것 같고, 실패할 때는 감정에 휩쓸려 그 기준을 놓친 것 같았다. 처음에는 그게 뭔지 몰랐지만, 몇 번의 손실과 몇 번의 후회를 지나며 '어쩌면 이 안에 어떤 구조가 있는 걸지도 모르겠다'

는 생각이 어렴풋이 들기 시작했다. 아직은 설명할 적합한 단어도 없고, 확신도 없었지만 뭔가가 있다는 직감만은 분명했다. 나는 그 직감을 따라 계속 걸었고, 그 감각은 나를 다음 단계로 이끌기 시작했다.

그러던 어느 날부터, 나는 반복되는 패턴 속에서 규칙성을 발견하기 시작했다. 매번 실수는 비슷한 감정에서 비롯되었고, 성공도 어김없이 일정한 기준을 지킨 결과였다. 그리고 그 과정에서 나는 점점 확신을 갖게 되었다. 돈을 버는 투자에는 단계가 있다. 그것도 흐릿하거나 추상적인 단계가 아니라, 매우 명확하고, 반복 가능하며, 누구에게나 열려 있는 단계들이다.

그 단계는 점점 하나의 흐름이 되었고, 그 흐름은 결국 하나의 구조로 굳어졌다. 그 이후로, 투자는 너무나 단순한 일이 되었다. 나는 선택하지 않았다. 구조 안에서 반응했을 뿐이다. 마치 자전거를 처음 배울 때처럼 처음엔 중심을 못 잡아 자꾸 넘어졌지만, 균형이 익숙해지자 더는 방법을 생각할 필요조차 없었다. 그때부터 투자는 일상의 일부가 되었다. 쉽고, 반복 가능하고, 무엇보다 편안한 일이 되었다.

하지만 안타까운 점은 이처럼 단순하고 확정적인 원칙에 대해 많은 이들이 무관심하다는 것이다. 간단한 구조만 이해한다면 누구나 투자에 성공할 수 있는데, 대부분의 질문은 그 구조 밖에서 튀어나온다.

"지금 사면 돈 벌 수 있을까요?"

"요즘 어떤 종목이 좋아 보이세요?"

이런 질문은 어쩌면 합리적인 것처럼 보이지만, 실은 '설계도 없이 벽돌부터 올리는' 시도에 가깝다. 튼튼한 집을 지으려면 먼저 구조를 이해해야 한다. 그런데 대부분은 그냥 예쁜 벽돌 하나만 고르려 한다.

그 안타까움에서 이 책은 시작되었다. 내가 몸으로 겪은 이 경험을, 어떻게 하면 구조화하여 전달할 수 있을까. 누구나 다시 밟아볼 수 있도록, 단순하게, 그러면서도 깊이 있게 만들 수는 없을까. 그 고민 끝에 나는, 투자 성공의 프로세스를 네 개의 단계로 나누어 정리했다.

1단계, 돈을 끌어당기는 마인드 장착

2단계, 흔들리지 않는 기본기 습득

3단계, 새롭게 태어나는 투자습관 체화

4단계, 수익을 현실화하는 기술 활용

이 네 단계는 서로 독립된 개념이 아니다. 한 단계가 다음 단계를 준비하고, 그 다음 단계는 전 단계를 강화시키며 작동한다. 이 흐름 안에 머무는 한, 당신의 투자도 흐트러지지 않는다. 이 투자 프로세스는 누구든 배울 수 있는 시스템이고, 스스로를 다듬고 훈련할 수 있다면 누구에게나 열려 있는 구조다.

이 네 단계를 순서대로, 성실하게 밟아간다면 당신이 부자가 되지 못할 이유는 단 하나도 없다. 투자는 결코 운에 맡기는 게임이 아니다. 재수가 좋아야 돈을 버는 것이 아니라, 마치 언어를 배우는 것처럼, 하나의 체계로 접근할 수 있는 기술이다. 단어를 익히고, 문장을 만들고, 회화가 가능해지듯, 투자 또한 기초를 익히고, 원칙을 체화하고, 실행을 반복하면 반드시 성장한다.

나는 이 책을 통해 그 단계를 당신의 것으로 만들 수 있도록 도와주고자 한다. 당신이 진심으로 이 단계를 받아들이고, 스스로를 훈련시키는 데 준비가 되어 있다면, 이 여정은 분명히 당신의 삶을 바꿔줄 것이다.

지금까지의 삶이 어땠든 상관없다. 지금부터의 선택이 미래를 바꾼다. 불안했던 날들, 의미 없이 스쳐간 숫자들, 그 모든 시간 위에, 이제 구조를 덧입힐 시간이다. 당신은 할 수 있다. 이미 시작했다는 것만으로도 절반은 온 것이다. 나머지 절반은, 이 책과 함께 걸어가는 것뿐이다. 당신이 끝까지 이 시스템을 따라오기만 한다면 반드시, 된다.

돈을 끌어당기는 마법, 마인드 장착:

투자의 90%는 마인드에서 결정된다

．
．
．
．
．
．

　당신에게 돈은 어떤 의미인가? 운이 따라야만 얻을 수 있는 행운의 티켓인가, 끝없는 욕망의 대상인가, 아니면 이번 생에는 나와는 거리가 먼 누군가의 전유물인가? 많은 사람들이 돈을 바라보는 관점은 이 세 가지 중 하나에 머문다. 하지만 이런 제한된 시각은 당신을 투자 기회에서 멀어지게 한다.

　돈을 '운'에 맡기는 사람은 시도조차 하기 전에 포기한다. 그들은 "나는 재수가 없어서 안 돼"라는 말을 입에 달고 산다. 복권 당첨처럼 우연히 찾아오는 기회를 기다리지만, 정작 눈앞에 기회가 와도 그것을 잡을 준비조차 되어 있지 않다. 기회가 아닌 행운만을 바라보기 때문에, 시장을 분석하거나 계획을 세울 이유조차 느끼지 못한다.

돈을 '욕망'으로만 바라보는 사람은 끝없는 불안과 조급함 속에서 의사결정을 흐린다. 수익이 조금만 나도 더 큰 수익을 원하고, 손실이 조금만 나도 당장 만회해야 한다는 압박감에 시달린다. 그러다 보니 원칙을 지키지 못하고, 매수와 매도를 감정적으로 반복한다. 그들의 투자는 차분한 전략이 아니라 순간의 충동으로 채워진다.

돈을 '남의 것'이라 여기는 사람은 부를 향한 출발선에 서기도 전에 스스로를 패배자로 만든다. "나는 원래 부자 집에서 태어나지 않았으니, 평생 이렇게 살 거야"라는 체념이 깊숙이 박혀 있다. 그래서 돈을 벌 수 있는 방법을 배울 생각조차 하지 않는다. 새로운 투자 기회가 와도 "저건 나 같은 사람이 할 수 있는 일이 아니야"라며 물러선다. 결국 그들의 현실은 변하지 않는다.

그래서 생각을 바꿔야 한다. 당신은 부자가 될 수 있다. 그 과정은 우리가 상상하는 것만큼 복잡하거나 불가능하지 않다. 돈과 부자, 그리고 이를 이루기 위한 투자 마인드에 대한 관점을 올바르게 세우는 순간, 투자와 삶의 궤도는 전혀 다른 방향으로 바뀐다. 단순히 돈을 더 버는 데 그치지 않고, 선택의 폭이 넓어지고 시장과 삶을 대하는 태도 자체가 달라진다. 부는 거창한 전략이나 비밀스러운 정보보다 '어떻게 생각하느냐'에서부터 시작된다.

나 역시 투자 여정을 시작할 때 가장 먼저 한 일은 '생각의 전환'이었다. 막연한 욕망만으로는 절대 장기적인 성공에 도달할 수 없다. 먼저 '어떤 기준으로 세상을 보고, 어떤 신념으로 시장을 해석할 것인지'를 정해야 한다. 많은 사람들은 투자에서 가장 중요한 요소로 '정보력'이나 '분석력', 혹은 '운'을 꼽지만, 그것들은 어디까지나 도구일 뿐 방향을 결정해주는 핵심요소는 아니다.

진짜 중요한 것은 당신이 어떤 '신념'을 가지고 시장을 바라보느냐다. 동일한 차트를 보고도 어떤 이는 불안에 휩싸여 전부 팔아버리고, 어떤 이는 그 순간을 절호의 매수 기회로 본다. 같은 뉴스를 접해도 누군가는 '위기'라는 단어만 읽고 반사적으로 도망치지만, 다른 누군가는 그 안에서 '전환점'의 징후를 발견한다.

이 차이를 만드는 것이 바로 '사고방식'이다.

사고방식이 제대로 세워져 있으면, 외부 환경이 아무리 요동쳐도 내 행동의 기준이 흔들리지 않는다. 반대로 사고방식이 흐릿하면, 시장의 작은 소문 하나에도 마음이 출렁이고 의사결정이 뒤바뀐다. 나는 이것을 '돈을 끌어당기는 사고방식'이라 부른다. 이는 단순히 긍정적인 태도가 아니라, '내가 왜 이 종목을 사는지', '언제 팔 것인지', '어떤 변수가 생겨도 지키는 원칙은 무엇인지'를 명확히 세워두는 일이다. 이렇게 견고한 틀을 갖춘 사람만이 시장이 크게 흔들리는 순간에도 오히려 기회를 포착하고, 같은 상황에서도 전혀 다른 결과를 만들어낸다.

나는 지금까지 수많은 투자자들을 만나왔다. 그중에서 장기적으로 큰 수익을 거둔 사람들에게는 한 가지 공통점이 있었다. 바로 '자기만의 철학'과 '확고한 신념'이다. 그 기준은 시장이 요동칠 때마다 흔들리지 않고, 폭풍 속에서도 묵묵히 길을 비춰주는 등대와 같다.

흥미로운 점은, 그들이 어느 정도의 성공을 거둔 뒤부터는 새로운 매매 기법이나 차트 분석법을 배우는 데 더 이상 시간을 쏟지 않는다는 것이다. 대신, 자신이 세운 원칙을 어떻게 지켜낼지, 불확실한 상황에서 어떻게 평정심을 유지할지를 더 깊이 고민한다. 기술과 정보는 누구나 얻을 수 있지만, 원칙과 철학은 오직 스스로 만들어 지키는 사람만의 자산이다.

이번 챕터에서는 '투자자 마인드'를 형성하고, 기준을 설계하는 과정을 안내할 것이다. 이 과정에서 당신은 '어떠한 시각으로 돈과 시장을 바라볼지', '어떤 변수가 와도 절대 바꾸지 않을 원칙은 무엇인지'를 스스로 정의하게 될 것이다. 그 정의가 앞으로의 모든 투자 행동을 이끄는 중심축이 된다. 시장이 급락해도, 모두가 한 방향으로 몰려가도, 그 중심축이 있다면 당신은 감정이 아닌 원칙으로 움직일 수 있다.

당신이 해야 할 일은 단 하나다. 이 내용을 열린 마음으로 받아들이고, 서두르지 말고 천천히 자신의 것으로 만드는 것. 그렇게 세워진 마인드는 장기적인 수익뿐 아니라 시장을 대하는 태도와 삶의 선택 방식까지 바꿔놓을 것이다. 그것이야말로 투자에서 살아남고, 끝내 승리하는 사람들의 출발점이다. 기억하라. 돈을 버는 기술은 언젠가 잊힐 수 있지만, 단단한 마인드는 평생 당신을 지켜줄 것이다.

저축은 조용한 가난이다

나는 단 한 번도 저축을 해본 적이 없다. 정확히 말하자면, 통장에 돈을 '놀게' 둔 적이 없다. 당신이 은행에 돈을 넣는 순간, 그 돈은 조용히 썩어간다. 아무 일도 하지 않아도, 매년 가난해지고 있는 것이다. 이유는 단순하다. 인플레이션, 즉 보이지 않는 세금 때문이다. 인플레이션은 화폐의 가치가 하락하여, 물가가 전반적으로 꾸준히 오르는 경제 현상. 예를 들어, 어제 1,000원이었던 과자가 오늘 1,100원이 되는 것처럼, 같은 돈으로 살 수 있는 물건의 양이 줄어드는 것을 의미한다.

우리는 흔히 '가진 돈은 줄어들지 않는다'고 착각한다. 그러나 세상은 조용하고 집요하게 돈의 가치를 깎아내고 있다. 한국의 공식 소비자물가지수는 연 3% 안팎으로 발표되지만, 체감 인플레이션은 훨씬 높다. 5,000원이던 점심 한 끼도 요즘은 만 원을 줘야 겨우 먹을 수 있다. 서울 아파트값은 10년 만에 2배 이상 뛰었고, 전세금은 연봉보다 빨리 오른다.

그렇다면 그 사이 당신의 월급은 얼마나 올랐는가? 은행 이자는 또 얼마나 올랐는가? 대부분은 여전히 연 2% 안팎에 머물고 있다. 즉, 당신이 열심히 저축한 돈은 현실 속 '물가의 사다리'에 계속 뒤처지고 있는 것이다. 그런데도 많은 사람들은 이 가치를 '보존'하기 위해 저축이라는 방법을 택한다. 그 선택은 착하고, 안전해 보이지만 실제로는 손실을 선택한 것이나 마찬가지다.

미국의 투자 대가 레이 달리오(Ray Dalio, 세계 최대 헤지펀드 '브리지워터'의 창립자이자, 자신의 성공 비결을 담은 책《원칙》으로 널리 알려진 미국의 억만장자 투자자 겸 사상가)도 말했다.

"현금은 가장 위험한 자산이다Cash is trash."

가만히 둔 돈은 절대 그 자리를 지켜주지 않는다. 현금을 손에 쥐고 있다는 것은, 곧 당신의 자산이 매년 '조용히 사라지고 있다'는 뜻이다. 그렇기에 나는 늘 고민했다.

"내 돈이 가만히 있어도 가치가 줄어든다면, 나는 최소한 그 이상을 벌어야 하지 않을까?"

인플레이션을 막는 순간, 투자의 문이 열린다

그래서 나는 언제나 연 7% 이상을 목표로 투자처를 찾는다. 그게 내가 나의 자산을 지키는 방법이다. 당신도 지금의 자산을 단지 유지하고 싶다면, 방법은 아주 간단하다. S&P 500 같은 지수에 투자하면 된다. S&P 500은 신용평가사 '스탠더드앤드푸어스'가 선정한 미국을 대표하는 500개 대기업의 주가를 종합하여 만든 지수로, 미국 주식 시장 전체의 흐름을 가장 잘 보여주는 대표적인 지표다. S&P 500에 투자하면 시장 평균 수익률로 인플레이션을 방어할 수 있다.

나 역시 투자의 시작점에서는 개별 종목의 불확실성을 피하고 인플레이션을 극복하고자, 안정적인 ETF 투자를 택했다. ETF는 여러 기업의 주식을 한데 모아놓은 '주식 바구니'라고 생각하면 쉽다. 투자자는 ETF 한 주를 사는 것만으로도 바구니에 담긴 모든 기업에 소액으로 분산 투자하는 효과를 누릴 수 있다.

2021년은 마침 미래에셋자산운용에서 TIGER ETF 라인업을 공격적으로 확장하던 시기였다. 나는 그중 애플, 마이크로소프트 등 미국의 최상위 기술주 10개에 집중 투자하는 'TIGER 미국테크TOP10 INDXX'에 집중 투자하여, 연평균 10% 수준의 안정적인 수익을 만들어냈다. 이렇게 확보한 수익은 인플레이션에 의해 월급의 실질 가치가 하락하는 것을 방어하는 중요한 수단이 되었다.

하지만 우리는 여기서 멈출 수 없다. 우리는 단순히 '유지'가 아닌, '성장'을 원하는 사람들이다. 단순히 물가상승을 따라잡는 것이 아니라, 그것을 압도할 정도로 벌어야 한다. 그래야만 삶을 변화시키는 자산을 축적할 수 있다. 이를 위해, 우리는 연 20% 이상의 수익을 가져다줄 수 있는 종목을 찾아야 한다. 여기까지는 누구나 말할 수 있다. 하지만 대부분은 그 다음 문장에 걸려 넘어진다.

"그래서 지금은 준비 중이에요."

"공부 좀 더 하고요."

"정보가 아직 부족해서요."

그리고 그들은 결국 아무것도 하지 않는다. 10년이 지나도 그대로다. 그들의 돈은 여전히 통장 안에서 썩고 있고, 그사이 세상은 몇 번이나 바뀌었다. 하지만 그들은 늘 같은 말을 반복한다. 이 말들은 겉으론 조심성 있는 투자자처럼 보일지 몰라도, 실제로는 두려움을 포장한 변명일 뿐이다. 그들은 준비가 부족한 게 아니다. 용기가 부족한 것이다.

문제는 '충분한 공부'라는 건 끝이 없다는 것이다. 시장은 매일 바뀌고, 기업은 끊임없이 진화하고, 기술은 어제의 상식을 무너뜨린다. 완벽한 정보란 존재하지 않는다. 내일 더 알게 된다고 해도, 그건 또 다른 불확실함을 낳을 뿐이다. 투자란, 책상 위에서 끝나는 공부가 아니다. 당신의 돈이 들어간 순간부터 진짜 공부는 시작된다. 그렇기에 나는 투자를 공부의 마지막이 아니라, 시작점으로 삼는다.

지금 당장 지체 없이 매수하라

2019년, 나는 대학생 신분으로 생명보험사에서 인턴십을 시작했다. 금융회사의 특성상 동료들과의 대화는 자연스럽게 재테크로 이어졌고, 점심시간은 선배들의 투자 경험을 들을 수 있는 소중한 기회였다. 당시는 가상화폐 광풍이 한차례 휩쓸고 지나간 직후였기에, 많은 선배들이 저마다의 투자 실패담을 마치 블랙 코미디처럼 털어놓곤 했다. 하지만 그들의 후회와 자조 섞인 이야기 속에서도, 나는 시장의 엄청난 에너지와 역동성을 느낄 수 있었다. 분석하고 재기보다는, 직접 그 세계에 발을 담그고 싶다는 결심이 먼저였다.

그래서 나는 행동했다. 깊은 고민이나 거창한 분석은 없었다. 첫 인턴 월급의 일부로 당시 개당 1,000만 원대에 머물던 비트코인을 매수했다. 그 작은 행동 하나가 모든 것을 바꿨다. 내 돈이 투입되는 순간, 막연했던 가상화폐의 세계는 당장 내가 이해하고 책임져야 할 현실이 되었다. 나는 내가 무엇을 샀는지 알아야만 했다. 그제야 비로소 가상화폐 생태계의 작동 원리부터 비트코인의 본질적 가치와 활용처까지, 관련된 모든 정보를 집요하게 파고들기 시작했다. 나의 투자는 그렇게, 행동이 탐구를 이끌어내는 방식으로 시작되었다.

왜 이런 일이 벌어질까?

간단하다.

돈이 걸리면, 뇌가 움직이기 시작한다. 깨어난 뇌는, 언젠가 인생 전체를 바꿔놓는다. 그 뇌는 단지 종목을 분석하는 데서 멈추지 않는다. 소비를 줄이고, 재무구조를 점검하고, 장기계획을 세우는 것까지 손이 닿는다. 유튜브 알고리즘은 어느 순간부터 투자 관련 영상만 보여주고, SNS 피드는 산업 리포트와 시장 흐름으로 채워지기 시작한다. 주말엔 예능 대신 기업 인터뷰를 보고 있고, 출근길 지하철 안에선 실적 발표 자료를 읽고 있는 자신을 발견하게 된다.

이건 단순한 정보 습득이 아니다. 투자라는 도구를 통해, 당신의 삶 전체가 리빌딩re-building되고 있다는 신호다. 그 시작은 거창할 필요 없다. 당신의 통장에 있는 몇 만 원, 몇 십만 원이 그 시발점이 될 수 있다. 그 돈은 단지 수익을 위한 자원이 아니라, 당신의 뇌를 깨우는 '점화 장치'다.

완벽해질 때까지 기다리지 말라.

기회가 보이면, 작게라도 참여하라. 준비보다 중요한 건 그 안에 들어가보는 경험이다. 그렇게 심어진 씨앗 하나가, 당신이 잠든 사이에도 조용히 자라난다. 하루하루는 별 변화 없어 보이지만, 그 안에서 당신의 돈은 일을 시작하고, 시장은 당신의 자산을 위해 돌아가며, 시간은 당신 편이 되어준다. 그 씨앗은 어느 날, 당신도 모르게 커다란 나무가 되어 재정적 여유, 선택의 자유, 그리고 인생의 새로운 가능성을 가져온다.

그때서야 비로소 깨닫게 될 것이다.

"아, 내가 그때 작게라도 시작하길 정말 잘했구나."

그리고 그 선택은, 어느 날 당신이 살고 있는 집을 바꾸고, 당신이 만나는 사람을 바꾸고, 당신이 바라보는 세상의 높이와 깊이를 완전히 바꿔놓는다. 그 모든 변화는 '지금'이라는 단 하나의 작은 결심에서 시작된다.

1. TIGER 미국테크TOP10 INDXX(373730)

"미국 빅테크의 정수, 가장 압도적인 기업 10개에 집중 투자하다"
이 ETF는 이름 그대로 미국 나스닥에 상장된 기술 관련 기업 중 시가총액 상위 10개 기업에 집중적으로 투자한다. 추종하는 지수는 'Indxx US Tech Top 10'로, 시가총액 가중 방식으로 10개 종목을 편입한다.

> **투자 난이도** ★★☆☆☆
> **기대 상승률** ★★★★☆
> **투자 매력도** ★★★★★
> **이런 분께 추천해요** 투자를 막 시작한 초보 투자자

핵심 특징 및 투자 포인트

- **압도적인 시장 지배력**: 이 ETF가 담고 있는 기업들은 단순한 우량주가 아니다. 애플, 마이크로소프트, 알파벳(구글), 아마존, 엔비디아, 메타 등 각자의 분야에서 독점적인 지위를 구축하고 전 세계인의 삶에 깊숙이 관여하는 플랫폼 기업들이다. 이들은 강력한 브랜드 파워와 현금 창출 능력을 바탕으로 안정적인 성장을 지속할 가능성이 높다.
- **초집중 포트폴리오**: 나스닥 100 지수가 100개 기업에 분산 투자하는 것과 달리, 이 ETF는 단 10개의 최고 기업에 모든 것을 집중한다. 이는 미국 기술주 시장의 성과를 온전히 누리고자 할 때 가장 확실한 방법이 될 수 있다. 시장을 주도하는 소수의 기업이 지수 전체의 상승을 이끈다는 믿음에 기반한 전략이다.
- **시대의 변화를 주도하는 혁신**: 편입된 기업들은 AI, 클라우드 컴퓨팅, 자율주행, 메타버스 등 미래 산업의 핵심 동력을 모두 장악하고 있다. 이들 기업에 투자하는 것은 단순히 현재의 승자에게 투자하는 것을 넘어, 미래의 변화에 가장 앞서 나가는 혁신에 동참하는 것과 같다.

투자 시 고려사항

10개 기업에 대한 집중도가 매우 높기 때문에, 소수 기업의 주가 변동이나 규제 리스크가 ETF 전체에 큰 영향을 미칠 수 있다는 점은 유의해야 한다.

부자의 탈을 쓰고 투자하라

당신은 지금 얼마를 가지고 있는가? 백만 원대의 자금으로 투자를 시작했을 수도 있고, 수억 원대 자산을 운용하고 있는 슈퍼개미일 수도 있다. 모두가 다른 출발선과 환경 속에서 이 시장에 들어온다. 하지만 시장의 흐름을 진짜로 바꾸는 것은 '고래들'이다. 고래는 특정 주식이나 암호화폐의 유통량 대부분을 소유하고 있는 '큰손' 투자자를 말한다. 이들이 자산을 조금만 움직여도 시장 전체가 흔들릴 수 있다.

수천억, 수조 원을 굴리는 기관과 큰손들은 그 자체로 '시장'이며, 그들이 움직이면 구조 자체가 흔들린다. 반면 우리 같은 개미 투자자들은 늘 그들의 판에 끌려들어가 손실을 떠안는 듯 보인다. 그렇다면 이 시장은 언제나 고래들에게 돈을 바치고 나오는 게임인가? 결코 그렇지 않다. 당신은 '부자의 탈'을 쓸 수 있다. 그리고 그 연극은, 실제로 당신의 수익률을 바꾼다.

1조 원을 가진 투자자처럼 생각하라

이건 단순한 상상이 아니다. 1조 원을 운용하는 투자자의 시선은 곧 '미래를 설계하는 훈련'이다. 당신이 그 위치에 있다고 가정해보자. 1조 원을 가지고 투자한다면, 이름 모를 동전주에 인생을 걸지 않을 것이다. 미확인 루머에 휩쓸려 작전주에 올라탈 이유도 없다. 진짜 자산가들은 눈앞의 숫자가 아니라, 세상이 어디로 흘러가고 있는지를 바라본다. 결국 '부자처럼 사고하라'는 말은 시장의 소음을 따라가지 말고, 시대의 방향성에 귀 기울이라는 뜻이다.

하지만, 나 역시 처음부터 그렇게 생각하진 못했다. 과거의 나는 시드가 부족하다는 이유 하나만으로, 형편없는 기업을 선택한 적이 많았다. 남들이 산다니까, 차트가 갑자기 오르니까, 싸니까. 마치 편의점에서 1＋1 상품을 고르듯, 가볍게 사고 가볍게 버리는 식의 투자를 했다. 지금 돌이켜보면, 그것이야말로 전형적인 '가난한 투자자의 사고'였다. 그때 내가 스스로를 '1조 원을 가진 투자자'라고 상상했더라면, 그런 선택은 결코 하지 않았을 것이다.

'부자의 탈'을 쓴다는 건 당신이 바라보는 시간의 스케일을 바꾸는 일이다. 하루 단위의 등락, 한 달 안의 수익률에 집착하던 시선을 거두고, 10년 후 이 세상은 어떻게 바뀌어 있을까, 50년 뒤에도 존재할 기업은 무엇일까를 묻기 시작하는 것이다. 그 순간부터 당신의 질문은 완전히 달라진다. "지금 수익이 날까?" 대신 "이 기업은 어떤 미래를 그리고 있는가?", "이 산업은 앞으로 사람들의 삶을 얼마나 바꿀 수 있을까?", "지금의 선택이 나의 생애 포트폴리오에서 어떤 의미를 가질까?"라는 질문으로 전환된다.

그리고 그 질문의 전환이 곧 행동의 전환이 된다. 기업의 과거 실적이 아니라, 미래에 만들 가치를 보기 시작하고, 소문이 아니라 서사와 구조의 흐름을 좇기 시작한다. 그런 사고는 당신이 세상의 변화를 주도하는 투자자로 거듭나는 첫걸음이다.

부의 파도는 고래가 움직이는 방향에서 시작된다

우리 같은 개인 투자자가 고래들을 활용할 수 있는 또 다른 전략은, 그들이 바라보는 방향에 시선을 맞추는 것이다. 그들의 한 걸음은 단순한 매수나 매도가 아니다. 그것은 시장이 앞으로 흘러갈 방향에 대한 선언이다. 고래들은 '가격'을 좇지 않고, '흐름'을 좇는다. 그렇기에 당신도 숫자의 소음에 흔들리지 말고, 그들이 향하는 미래의 서사를 찾아야 한다. 그리고 그 감각은 단순한 정보 수집이 아니라, 시장을 해석하는 시선의 훈련에서 비롯된다.

2023년의 여름은 암호화폐 투자자들에게 유독 길고 추운 겨울과 같았다. 연이은 악재로 시장은 동력을 잃었고, '비트코인은 끝났다'는 비아냥이 월스트리트와 미디어를 뒤덮고 있었다. 대부분의 투자자들이 희망을 버리고 떠나가던 바로 그 무렵, 나는 시장의 온도를 단번에 뒤바꿀 거대한 균열의 소리를 들었다.

2023년 6월, 세계 최대 자산운용사 블랙록BlackRock이 비트코인 현물 ETF를 신청했다는 뉴스가 전해졌다. 많은 이들이 이 소식을 그저 스쳐 지나가는 여러 호재 중 하나로 여겼지만, 나에게는 다르게 들렸다. 이것은 단순한 이벤트가 아니었다. 월스트리트의 심장부에서, 가장 보수적이고 영향력 있는 거인이 비트코인이라는 '변방의 자산'을 제도권 금융의 중심으로 끌어들이겠다는 선전포고였다. 나는 이것이 글로벌 자본의 물길이 바뀌는 거대한 움직임의 서막임을 직감했다.

나는 스스로에게 질문했다.

"10년 뒤, 세상의 돈은 어디로 흐를 것인가?"

나는 블랙록이 움직였다는 것은, 단순히 돈을 벌기 위함이 아니라 미래 금융의 판도를 새로 짜기 위한 구조적인 움직임이라고 확신했다.

나는 결단을 내렸다. 그때까지 공들여 쌓아 올렸던 포트폴리오를 과감하게 해체하고, 최우선 순위 자산을 비트코인으로 옮기기 시작했다. 주위에서는 '미친 짓'이라며 만류했지만, 나는 들리지 않았다. 그 후 몇 달간은 고독한 믿음의 시간이었다. ETF 승인 여부를 둘러싼 수많은 가짜 뉴스와 시장의 변덕을 견뎌내야 했다. 그리고 마침내 2024년 초, ETF가 승인되고 거대한 자본이 비트코인으로 쏟아져 들어오기 시작했을 때, 나의 확신은 현실이 되었다.

결과는 압도적이었다. 불과 2년이 채 되지 않아 초기 투자금은 다섯 배 이상으로 성장했다. 이것은 결코 단순한 행운이 아니었다. 모두가 공포에 떨며 외면할 때, 나는 고래의 시선을 먼저 읽어냈고,

그 거대한 흐름의 초입에 나의 모든 것을 실었던 과감한 결단의 결과였다.

고래들은 결코 무책임하게 움직이지 않는다. 수천억, 수조 원의 자금을 단 한 번 이동할 때에도 수년간의 분석과 시장 구조, 정치적 요인, 거시경제의 흐름까지 치밀하게 고려한다. 그들의 시선이 머무는 섹터와 자산에는 반드시 구조적 이유가 있다. 개인 투자자가 시장에서 승리할 수 있는 유일한 길은 바로 그 방향에 올라타는 것이다.

연기하라, 상상하라, 그리고 그렇게 투자하라

"내가 1,000억 원이 있다면, 이 종목을 사겠는가?"

이 질문을 반복하라. 그리고 기록하라. 그 연습만으로도 당신은 시장의 흐름을 읽는 눈을 갖게 된다. 그리고 그 눈이 생기는 순간부터 당신은 더 이상 약한 개미가 아니다. 작지만 영리한 '진짜 투자자'가 되는 것이다. 그 이후엔 무엇이 달라질까? 당신은 더 이상 충동적으로 움직이지 않는다. 누가 추천하는 종목에도, 갑작스러운 호재 뉴스에도, 갑자기 솟아오른 차트에도 쉽게 휘둘리지 않는다. 당신의 투자에는 시뮬레이션이 생긴다. 그리고 그 시뮬레이션은 단순히 '생각하는 힘'이 아니라, '기회를 포착하는 능력'이 된다.

당신은 이제 더 이상 단순한 개미가 아니라, '계획된 투자자'로 진화한 것이다. 그건 곧 시드의 크기를 넘어선다. 우리는 흔히 "돈이 없으니까, 작은 투자밖에 못 해"라고 생각한다. 하지만 현실은 그 반대다. 투자의 크기를 결정짓는 건 시드가 아니라 마인드고, 성공을 결정짓는 건 돈이 아니라 사고방식이다.

10억 원을 가진 사람도 허술하게 투자하면 다 잃는다. 자산이 많다는 건 잠시 더 오래 버틸 수 있는 여유를 줄 뿐, 방향을 잘못 잡는 순간 오히려 손실의 규모도 커진다. 실제로 우리는 주변에서 그런 사례를 종종 목격한다. 퇴직금을 소위 말해 '몰빵'하거나, 부모로부터 받은 유산을 제대로 운용하지 못해 되레 삶이 불안정해진 사람들. 숫자는 많았지만, 마인드는 준비되지 않았던 것이다.

반면, 1,000만 원밖에 없더라도 부자의 마인드로 투자하는 사람들이 있다. 단순히 '오를 주식'을 찾는 것이 아니라, '나는 왜 이 기업을 선택하는가?', '이 흐름의 본질은 무엇인가?'를 스스로 묻고 또 묻는다. 그 사고방식은 '내가 지금 1,000억 원을 굴린다면?'이라는 가상의 전제를 품고 있고, 그 상상은 시간이 지날수록 그들의 판단을 더 정교하게 만든다.

결국 투자에서 승부를 가르는 건 단순하다. 돈의 크기가 아니라, 사고의 크기다. 돈을 바라보는 시야가 작으면, 아무리 큰돈이 들어와도 작은 판 안에서 소모되고 만다. 그러나 사고의 스케일이 큰 사람은 작게 시작하더라도 그 구조 자체가 '확장'되게 되어 있다.

투자로 삶을 바꾼 이들은 처음부터 다르지 않았다. 단지, 자신을 부자로 여기는 마인드로 일관되게 살아냈고, 그 선택들이 결국 자산 곡선을 끌어올린 것이다. 결국 부자가 되는 일은 숫자를 늘리는 일이 아니라 사고방식을 넓히는 일이다. 작을 때부터 크게 생각한 사람만이, 나중에도 크게 살아간다.

그러니 다시 말한다. 당신은 스스로를 이미 부자라고 여겨도 된다. 아니, 그렇게 여겨야 한다. 당신은 언젠가 진짜 그 위치에 서 있을 것이다. 그리고 그때 깨닫게 될 것이다. "나는 이미 오래전부터 부자처럼 생각해왔고, 진짜 부자가 된 것이다."

2. 비트코인(BTC)

"디지털 시대의 금, 새로운 자산의 탄생을 알린 최초의 암호화폐"
비트코인은 2009년 사토시 나카모토라는 익명의 인물에 의해 만들어진 세계 최초의 탈중앙화된 디지털 자산이다. 중앙은행이나 특정 기관의 통제 없이, 블록체인 기술을 통해 개인 간의 가치 전송이 가능하도록 설계되었다. 총 발행량이 2,100만 개로 제한되어 있어 시간이 지남에 따라 희소성이 부각되는 특징을 가진다.

> **투자 난이도** ★★☆☆☆
> **기대 상승률** ★★★★☆
> **투자 매력도** ★★★★★
> **이런 분께 추천해요** 이 책을 읽는 여러분은 비트코인을 0.01개라도 반드시 보유해야 합니다.

핵심 특징 및 투자 포인트

- **가장 완벽한 가치저장 수단:** 비트코인의 가장 핵심적인 가치는 '디지털 금(Digital Gold)'으로서의 역할이다. 총량이 고정되어 있고, 특정 국가나 기업이 임의로 발행할 수 없어 인플레이션으로부터 자산 가치를 보호하는 헷지(Hedge) 수단으로 주목받는다. 전통 금융 시스템의 불안정성이 커질수록 비트코인의 가치는 더욱 부각되는 경향이 있다.

- **제도권 편입과 기관 투자자의 진입:** 2024년 초, 블랙록을 필두로 한 자산운용사들의 비트코인 현물 ETF가 미국 증권거래위원회(SEC)의 승인을 받았다. 이는 비트코인이 단순한 투기 자산을 넘어, 연기금과 기업들도 포트폴리오에 편입할 수 있는 제도권 자산으로 공식 인정받았음을 의미하는 역사적인 사건이다.

- **반감기를 통한 공급량 조절:** 약 4년을 주기로 비트코인의 신규 공급량(채굴 보상)이 절반으로 줄어드는 '반감기'가 설계되어 있다. 2024년에 네 번째 반감기를 거치며 공급은 더욱 희소해졌다. 역사적으로 반감기는 비트코인의 장기적인 가격 상승을 이끄는 중요한 촉매제 역할을 해왔다.

투자 시 고려사항

비트코인은 제도권에 편입되었음에도 불구하고 여전히 극심한 가격 변동성을 내재하고 있다. 각국 정부의 규제 방향, 거시 경제 상황, 그리고 기술적 이슈에 따라 단기간에 큰 폭의 가격 변동을 겪을 수 있다. 또한, 금과 달리 실물이나 본질적 가치가 없다는 비판론도 여전히 존재하므로, 전체 자산에서 감내 가능한 비중으로 투자하는 전략이 필요하다.

낙관적으로 시장을 바라보라

당신은 평소 어떤 사람인가? 사람들과의 대화에서 자주 하는 말의 톤은 어떠한가? "불안하다", "망한 것 같다", "이러다 다 잃는 거 아냐?" 같은 말을 습관처럼 입에 달고 사는가? 혹은 "괜찮아, 아직 기회는 있어", "이번에도 배웠으니까 더 좋아질 거야" 같은 문장을 더 많이 말하는가? 이 질문은 단순한 성격 테스트가 아니다. 그것은 당신의 투자 운명을 결정짓는 하나의 분기점이다. 나는 단언할 수 있다. 낙관주의는 투자자에게 있어 가장 중요한 '심리적 자산'이다.

낙관주의는 당신에게 돈을 가져온다

비관은 언제나 더 스마트해 보인다. "지금은 리스크가 크지", "빅

쇼트(자산이나 시장의 큰 폭의 하락을 의미하는 표현) 직전", "저거 곧 꺼질 거야" 같은 말은 정답처럼 들리고, 마치 세상을 꿰뚫어 보는 사람처럼 보이게 만든다. 그래서 우리는 본능적으로 비관에 더 귀를 기울인다. 하지만 역설적으로, 시장에서 실제로 돈을 버는 건 대부분 낙관적인 사람들이다.

낙관이라는 단어는 오해받기 쉽다. 흔히 '근거 없는 긍정', '현실을 보지 않는 희망회로' 정도로 받아들여진다. 하지만 투자에서 말하는 낙관은 그와 전혀 다르다. 이건 단순한 희망이 아니라, '우상향에 대한 신념'에서 비롯된 전략적 태도다. 다시 말해, '단기적으로 시장은 요동치지만, 장기적으로는 세상은 발전하고 기업은 성장하며 자산은 우상향한다'는 믿음이다. 이 믿음이 없다면, 누구도 장기 투자를 할 수 없다.

투자의 대가들도 이를 반복해서 강조해왔다. 워런 버핏은 "미국과 인류의 미래를 꾸준히 낙관했기에 지금의 자산을 이룰 수 있었다"라며, "장기적인 낙관주의는 역사적으로 가장 수익률 높은 전략이었다"라고 했다. 하워드 막스는 《투자에 대한 생각》에서 "비관론자는 언제나 똑똑해 보이지만, 낙관론자가 더 많은 돈을 번다"고 말한다. 그 이유는 단순하다. 낙관적인 사람만이 시장에 머물 수 있고, 머무른 사람만이 복리의 힘을 경험할 수 있기 때문이다.

비관적인 사람은 불안에 매도하고, 상승장을 놓치며, 다시 불안에 떠밀려 고점에서 돌아온다. 반면 낙관적인 사람은 하락장 속에서도 "지금은 싸게 살 기회야", "이 기업의 본질은 변하지 않았어"라고 생각하며 꾸준히 매수한다. 그렇게 리스크를 감내하며 시간 위에 올라탄 투자자만이 결국 2배, 5배, 10배의 수익률을 얻게 된다. 당신이 해야 할 일은 명확하다. 공포에 휩쓸리지 말 것. 숫자와 뉴스에 감정적으로 반응하지 말 것. 그리고 무엇보다, 이 혼란 뒤에도 시장은 반드시 회복할 것이라는 믿음을 가질 것.

세계 경제는 수많은 위기를 겪었지만, 그 모든 혼란 속에서도 인류는 매번 새로운 기술과 시스템을 통해 전환점을 마련했다. 전쟁, 팬데믹, 금융위기 이 모든 외부 충격조차도 결국에는 하나의 구간에 불과했으며, 시장은 시간이 흐를수록 더 높은 고지로 복원되었다. 이 흐름을 믿는 자만이 진정한 장기투자자가 될 수 있다. 어떠한 혼란 속에서도 '이 역시 결국 지나갈 것이다', '경제는 다시 성장할 것이다'라는 구조적 낙관을 유지해야 한다. 그 낙관은 나태한 긍정이 아니라, 반복된 역사를 이해한 투자자의 태도다. 그리고 그것은 당신이 시장에서 끝까지 살아남을 수 있게 해주는 가장 강력한 무기가 될 것이다.

끈기 있는 낙관은 반드시 보상 받는다

투자 초창기였던 2021년, 나는 세상의 미래가 미국의 기술 혁신에 달려있다는 단순한 믿음 하나로 내 자산의 높은 비중을 QQQ(나스닥 100 ETF)에 넣었다. 그 결정이 내게 무엇을 안겨줄지 몰랐던 시절이었다. 그로부터 딱 하루 뒤, 오미크론 사태가 터졌다. 전 세계 금융시장이 요동쳤고, 내 계좌는 한 달 만에 20~30% 이상 급락했다. 불안했다. 후회가 밀려왔고, 모든 걸 되돌리고 싶었다. 그러나 나는 그때, 나 자신에게 단 하나의 질문을 던졌다.

"지금 이 판단이 틀렸는가? 아니면 시기가 잘못된 것인가?"

결론은 명확했다. 나스닥 상장 기업들의 가치는 사라지는 게 아니었다. 나는 미래의 기술과 기업 성장에 투자한 것이다. 내가 틀린 것이 아니라, 지금은 단지 시장이 흔들릴 뿐이었다. 그 뒤로 나는 매달 월급날, 고점이든 저점이든 꾸준히 ETF에 투자금을 조금씩 더 넣었다. 2년이 흐른 뒤, 나는 100% 이상의 수익률이라는 결코 작지 않은 보상을 받았다.

그 경험은 내 투자 철학에 깊은 뿌리를 내렸다. 이제 나는 시장이 흔들릴 때마다 '기회'라는 단어를 먼저 떠올린다. 공포가 넘치는 뉴스가 쏟아지면, '이제 매수할 타이밍이 가까워졌군'이라고 생각한다. 과거의 나는 하락장에서 불안에 휩싸였고, 상승장에서는 뒤늦게 올라탔다. 그러나 지금은 다르다. 나는 단기하락을 '할인된 매장'처럼 받아들인다. 당장은 손실처럼 보여도, 시간이 지나면 대부분의 자산은 그 본질만 유지된다면 원위치를 넘어 더 높은 지점으로 회복한다. 그래서 나는 시장이 나를 시험할 때마다 오히려 마음이 단단해진다. 그런 순간은 나의 기준이 진짜인지 확인할 수 있는 기회이기 때문이다.

이러한 태도는 단지 심리적 평온을 주는 데 그치지 않는다. 실제 자산 성장에도 지대한 영향을 미친다. 규칙적으로 매수하고, 공포를 기회로 전환하며, 감정이 아닌 전략으로 투자할 수 있게 되면 복리의 기울기는 훨씬 더 가팔라진다. 시간은 우리 모두에게 공평하지만, 그 시간을 어떻게 채우는지는 철저히 개인의 몫이다. 나는 매월 같은 리듬으로 시장에 참여하며, 작은 씨앗을 계속 심어 간다. 어떤 달은 손해를 볼 수 있고, 어떤 해는 수익이 없을 수도 있다. 그러나 중요한 것은, 그 어떤 상황에서도 시장에서 도망치지 않는 나 자신을 만드는 것이다. 투자에서 성공하는 사람은 결국, 가장 오래 살아남는 사람이다.

시장은 냉혹하다. 하지만 동시에 놀랍도록 공정하다. 성급히 판단하지 않고, 충분히 공부하고, 감정에 휘둘리지 않으며, 조용히 미래를 기다릴 줄 아는 사람에겐 절대 빈손으로 돌려보내지 않는다. 포기하지 않고, 스스로의 기준을 세워 장기적 관점을 유지한 사람은 반드시 보상받는다. 그러니, 불안 대신 낙관으로 나아가라.

지금도 투자 시장에는 수많은 소음이 떠다닌다.

"AI 버블이다."

"스태그플레이션(경기 침체와 높은 물가 상승이 동시에 나타나는 비정상적 경제 상황)이다."

"지정학 리스크(국가 간 갈등·전쟁·정치 불안 등으로 금융시장과 실물경제에 발생하는 불확실성과 위험)다."

하지만 그 모든 순간에도 한 가지는 변하지 않는다. 낙관적으로 오래 버틴 사람은 결국 수익을 거둔다. 당신이 그 여정을 끝까지 걸을 수만 있다면, 시장은 반드시 당신 손에 무언가를 쥐어줄 것이다. 그리고 그 순간, 당신은 알게 될 것이다. 낙관은 아무 근거 없는 무기가 아니다. 그건 오랜 시간 동안 당신이 직접 만든 '신념의 방패'다. 공포가 밀려올 때, 시장이 붕괴될 듯 요동칠 때, 그 방패는 당신을 보호한다.

3. 인베스코 QQQ 트러스트(QQQ)

"미국 혁신의 최전선, 나스닥 100 지수를 추종하는 성장주의 교과서"
QQQ는 미국 나스닥 거래소에 상장된 기업 중 금융주를 제외한 시가총액 상위 100개 기업의 주가를 추종하는 인베스코 QQQ 트러스트(Invesco QQQ Trust) ETF의 티커(ticker)다. 나스닥 100은 미국 기술주와 성장주 투자의 가장 대표적인 지표로 꼽힌다.

> **투자 난이도** ★☆☆☆☆
> **기대 상승률** ★★☆☆☆
> **투자 매력도** ★★★☆☆
> **이런 분께 추천해요** 인생 첫 투자, 그 출발선에 가장 잘 어울리는 주식

핵심 특징 및 투자 포인트

- **혁신 성장 기업에 대한 집중 투자:** 애플, 마이크로소프트, 아마존, 엔비디아, 구글, 메타 등 세계 경제의 혁신을 주도하는 기술 기업을 대부분 포함한다. AI, 반도체, 클라우드, 전기차, 바이오테크 등 4차 산업혁명의 핵심 산업을 한 번에 담는 효과가 있다.

- **강력한 장기 성과:** 나스닥 100은 S&P 500보다 높은 변동성을 보이지만, 지난 수십 년간 기술 혁신 덕분에 장기 성장률에서 압도적인 성과를 기록해왔다. 이는 QQQ가 장기적으로 자산 증식을 노리는 투자자에게 매력적인 이유다.

- **검증된 기업으로 구성된 포트폴리오:** '시가총액 상위 100개'라는 명확한 기준 덕분에, 개별 신생 기술주 분석 없이도 이미 시장에서 생존력과 지배력을 검증받은 우량 기업들에 분산 투자할 수 있다. 이는 성장주 투자에서 리스크를 줄이는 효과적인 방법이다.

투자 시 고려사항

QQQ는 상위 10개 빅테크 기업이 전체 비중의 약 50%를 차지할 정도로 집중도가 높다. 따라서 특정 대형 기술주의 실적이나 규제 이슈에 따라 지수 전체가 크게 흔들릴 수 있다. 또한 성장주 특성상 금리 인상기나 경기 둔화 국면에서는 S&P 500보다 더 큰 조정을 받을 수 있다는 점을 반드시 유의해야 한다.

어이없이 큰 목표를 설정하라

투자를 시작하는 대부분의 사람들은 마음속에 자신만의 목표를 품고 있다. 누군가에겐 월급 외 수익을 조금 더 보탤 수 있는 10% 정도의 수익일 수도 있고, 누군가에겐 외제차나 오랫동안 눈여겨보던 명품 가방일 수도 있다.

이 모든 목표는 옳고, 귀하다. 당신이 어떤 이유로 투자를 시작했든, 목표를 갖고 일찍이 자본 시장에 들어섰다는 사실 자체가 인생을 긍정적으로 바꾸는 출발점이 된다. 하지만 나는 조금 다른 제안을 하고 싶다. 당신이 생각하기에 '어이없을 정도로 큰 목표'를 세워보라.

상상할 수 있는 가장 큰 목표를 품어라

100만 원을 들고 시작하더라도, 100억 원을 벌겠다는 꿈을 꾸어라. 지금은 원룸에 살고 있어도 강남 아파트 자가에 사는 모습을 그려보아라. 당장은 사무실 하나 없지만 언젠가 당신의 회사를 세우겠다는 계획을 품어라.

그것이 현실적이냐 아니냐는 중요하지 않다. 지금 필요한 건 당신을 흔들림 없이 이끌 방향성이다. 이처럼 현실에서 아직 거리가 먼 '거대한 꿈'을 품는 일은 단지 허황된 상상이 아닌, 투자자의 심리를 보호하고 이끌어주는 전략적인 장치가 된다. 대부분의 투자자는 스스로의 잠재력을 터무니없이 낮게 책정한다.

아직 발휘해보지 않은 능력, 아직 경험해보지 않은 수익 구간을 미리 불가능이라 단정 짓는다. 하지만 충분히 좋은 종목을, 충분히 좋은 타이밍에, 충분히 긴 시간 보유한다면, 지금의 당신이 상상조차 못 한 수익도 결코 허황된 이야기가 아니다. 그 가능성을 믿지 않는 순간, 당신은 시장의 큰 기회를 보지 못한 채 흘려보내게 된다. 어이없이 큰 목표를 설정하는 전략은 이러한 문제를 해결하고 여러 가지 장점을 가진다.

첫 번째로, 조급하게 매도하는 일을 방지할 수 있다. 우리가 추구하는 투자는 단기적인 수익이 아니라, 삶을 구조적으로 바꾸는 수준의 자산 증식이다. 그런데 막상 실전에서는 대부분의 투자자가 '수익률 +20%'만 찍혀도 흔들린다.

"지금 팔아야 하나?"

"이 정도면 선방한 거지…."

이런 생각이 꼬리에 꼬리를 문다. 왜? 현재의 수익에 대한 기준이 '작은 꿈' 안에 있기 때문이다. 당신의 투자 목표가 단지 '한 번의 여행경비'라면, 그 여행경비만큼의 수익이 찍혔을 때 종목은 쉽게 매도되고 만다. 그렇게 당신은 또 다른 '지금 당장의 작은 소비'를 위해 시장에서 나오게 된다.

하지만 만약 목표가 '강남 아파트'라면? 혹은 '100억 자산가'라면? 지금 찍힌 수익률은 그저 여정의 작은 물방울에 불과하다. 단기 수익에 일희일비하지 않고, 냉정할 수 있도록 시야를 멀리로 옮겨놓는다. 오늘 오르내린 주가가 전부가 아니라, 3년 뒤, 5년 뒤에 내가 만들어놓을 자산 구조를 상상하게 만든다.

이 시야는 조급함을 막는다. 잠깐의 조정이 와도, 목표를 향한 큰 그림 안에서 현재 위치를 다시 확인하게 된다. 그러면 하루하루의 변동보다, 자산 전체의 성장 궤도에 더 집중하게 된다. 단기적인 성과를 챙기는 것보다, '이 구조가 내 목표를 향해 계속 작동하고 있는가'를 점검하는 쪽으로 생각이 옮겨간다. 큰 꿈이 있을 때 비로소 긴 호흡이 가능하고, 그 긴 호흡은 결국 자산이 복리로 불어나는 시간을 보장한다. 투자는 단기간의 성취보다, 버티며 유지하는 힘이 더 중요하다. 그 힘은 단순한 인내가 아니라, '내가 세운 목표를 끝까지 완수하겠다'는 확신에서 나온다.

두 번째로, 시장을 대하는 '마인드셋' 자체가 달라진다. 작은 목표를 가진 사람은 '지금 이 종목이 오를까?', '이번 뉴스가 호재일까?' 같은 당장의 변동성에만 집중한다. 하지만 큰 목표를 가진 사람은 그 종목이 앞으로 만들어낼 미래가치를 고민한다.

"이 기업은 5년, 10년 뒤에도 지속적으로 성장할까?"

"이 기술은 시간이 지날수록 어떤 변화를 만들어 낼까?"

"나는 이 기업의 가치를 믿고 10년을 맡길 수 있을까?"

나의 투자 결정에 있어 단기적인 주가의 등락은 큰 의미가 없다. 하루의 기쁨이나 슬픔은 줄 수 있어도, 장기적인 부의 방향을 결정하지는 못하기 때문이다. 대신 나의 투자 원칙은 언제나 10년 뒤를 향하는 단 하나의 거대한 질문에서 시작한다.

"앞으로 세상은 어떤 기술을 필요로 할 것인가"

바로 이 질문에 대한 답을 찾는 과정에서, 2024년 내 레이더에 '팔란티어'라는 기업이 들어왔다. 만약 내가 눈앞의 수익이나 단기 차트만 봤다면 이 회사를 절대 사지 않았을 것이다. 당장 큰돈을 버는 것 같지도 않고, 사업 내용도 너무 복잡해보였기 때문이다.

하지만 2023년 챗GPT가 세상을 휩쓴 이후, 나는 한 가지 질문을 던졌다. "삼성이나 현대차 같은 거대 기업이 신제품 개발을 위해 챗GPT를 쓰고 싶다면, 과연 회사의 1급 비밀을 마음대로 보여줄 수 있을까?" 답은 당연히 '아니오'였다. 외부 AI에게 회사의 핵심 정보를 넘겨주는 것은 금고 열쇠를 남에게 주는 것과 같기 때문이다.

그때 나는 팔란티어가 바로 이 문제를 해결해주는 회사라는 것을 깨달았다. 팔란티어는 챗GPT처럼 똑똑한 인공지능의 '뇌'만 쏙 빼서, 삼성이나 현대차의 '회사 금고' 안으로 직접 가져다주는 역할을 한다. 이렇게 되면 인공지능은 회사 밖으로 단 한 발짝도 나가지 않고도 모든 비밀 정보를 안전하게 학습하고 답을 줄 수 있다. 즉, 팔란티어는 기업들에게 '외부인 출입금지 구역에서 일하는 개인 AI 과외선생님'을 만들어주는 셈이었다.

나는 이 기술이 앞으로 모든 기업과 국가에 반드시 필요해질 것이라 확신했다. 이런 관점 덕분에 나는 복잡해보이는 기술 속에서 단순하고 강력한 사업 기회를 발견했고, 미래에 투자할 수 있었다.

이처럼 거대한 꿈은 투자자의 시야를 '단기 가격'이 아니라 '장기 가치'로 옮겨놓는다. 그 결과, 당신의 포트폴리오는 단기 유행을 좇는 종목이 아니라 시간이 지날수록 가치가 불어나는 자산으로 채워진다. 이 과정에서 자연스럽게 매도 시점도 멀어진다. 내일의 주가가 아니라, 10년 뒤의 자산 구조를 바라보게 되기 때문이다.

그리고 이 '멀리 보는 시선'은 단순히 보유 종목의 질을 높이는 데 그치지 않는다. 장기 가치에 집중하는 투자자는 불필요한 매매를 줄이고, 복리의 힘을 최대로 활용하게 된다. 당신이 버텨낸 시간만큼 자산은 단순한 숫자를 넘어, 매년 안정적인 현금 흐름을 만들어내는 든든한 기반으로 변모한다. 결국 큰 목표는 시장의 소음에 귀를 막고, 오직 미래를 향한 길 위에 머물게 하는 힘이다. 그 힘이 있어야만, 투자자는 한 번의 유행이 아니라 인생 전체를 바꾸는 성장 곡선에 올라탈 수 있다.

당신의 가능성을 과소평가하지 마라

나 역시 그랬다. 시작은 초라했다. 단칸 원룸, 간이식 책상과 노트북 하나뿐인 공간에서 나는 첫 투자를 시작했다. 매달 빠듯한 월급 중 일부를 떼어내 주식 계좌에 넣는 것이 고작이었지만, 마음속에는 누구보다 큰 그림을 그리고 있었다. 나는 강남 한복판에 위치한 아파트를 소유하겠다고 다짐했고, 월급에 의존하지 않고도 안정적인 현금 흐름으로 살아갈 수 있는 구조를 만들겠다고 스스로에게 약속했다.

그 꿈들은 현실과 너무나도 멀어, 당시의 나조차도 웃어버릴 만큼 비현실적으로 느껴졌다. 주변 사람들은 더 노골적이었다. "네 월급에 무슨 강남 아파트야?", "월급 없이 살겠다고? 그건 금수저들이나 하는 소리지"라는 반응이 돌아왔다. 하지만 그 비웃음은 오히려 나를 더 단단하게 만들었다. '그래, 지금은 불가능해 보여도 결국 내가 증명해 보이겠다.' 그렇게 나는 나만의 긴 여정을 향해 발걸음을 옮겼다.

이 비현실적인 목표들은 내 투자 여정의 나침반이자 방파제였다. 시장이 크게 오를 때도, 단기 수익에 들떠 섣불리 매도하지 않았다. 내가 바라보는 그림은 눈앞의 수익이 아니라, 10년 뒤 나를 완전히 다른 위치에 세워줄 자산 구조였기 때문이다. 반대로 시장이 하락할 때도, 나는 그 목표들을 떠올리며 버텼다. '내가 가려는 곳은 여기서 멈출 수 있는 곳이 아니다'라는 생각이 오히려 나를 차분하게 만들었다.

특히 자산이 두 배, 세 배로 불어났을 때가 중요했다. 대부분 이 시기에 들뜨고, 소비를 늘리고, 목표를 낮추며 시장에서 일찍 내려온다. 하지만 나는 그 순간에도 속도를 줄이지 않았다. 오히려 "이제 절반 왔구나"라고 생각하며 현금 흐름을 강화하고, 더 견고한 포트폴리오를 만들었다. 그 모든 힘은 '말도 안 되는 목표'에서 나왔다. 현실과의 거리가 멀수록, 그 꿈은 나를 흔들림 없이 붙잡아 주었고, 나는 시장의 소음과 감정의 파도 속에서도 같은 방향을 향해 나아갈 수 있었다.

결국, 그 초라한 시작과 터무니없는 꿈의 조합이 지금의 나를 만들었다. 현실적인 계산만 했다면 중간에 멈췄을 것이고, 주변의 회의적인 시선에 흔들렸을 것이다. 하지만 나는 끝까지 나만의 비전을 붙잡았다. 그 비전이 있었기에 자산은 꾸준히 성장했고, 나는 어느새 과거의 내가 상상조차 하지 못했던 위치에 서 있다. 그렇기에 나는 확신한다. 세상의 기준에서 볼 때 터무니없어 보이는 꿈이, 투자자의 세계에선 오히려 가장 논리적인 추진력이 된다.

4. 팔란티어(Palantir, PLTR)

"데이터의 흐름을 지배하는 기업, 디지털 시대의 가장 강력한 의사결정 엔진"
팔란티어는 정부와 대기업이 보유한 방대한 데이터를 하나로 통합해 분석하고, 복잡한 문제 속에서 최적의 결정을 내릴 수 있도록 돕는 데이터 분석·인공지능 전문 기업이다. 초기에는 CIA, FBI 같은 정보기관을 위한 소프트웨어로 성장했으며, 지금은 금융, 헬스케어, 제조 등 민간 영역까지 활용 범위를 넓혔다. 최근에는 AI 기반으로 데이터를 단순히 모으는 수준을 넘어 즉각적 의사결정과 예측까지 가능하게 하며 빠르게 성장하고 있다.

> **투자 난이도** ★★★★☆
> **기대 상승률** ★★★★★
> **투자 매력도** ★★★★☆
> **이런 분께 추천해요** AI 기술을 충분히 이해한 전문 투자자

핵심 특징 및 투자 포인트

- **따라오기 힘든 기술 장벽:** 팔란티어의 소프트웨어는 한번 도입되면 대체가 사실상 불가능하다. 국방, 금융, 제조 등 핵심 산업의 데이터를 통합·운영하는 '산업의 두뇌' 역할을 하기 때문에, 고객들은 팔란티어 시스템에 깊이 의존하게 된다. 이 강력한 락인 효과(lock-in, 소비자가 특정 제품·서비스를 한 번 쓰면 다른 대안으로 전환하기 어려워지는 현상)가 팔란티어의 가장 큰 경쟁력이다.

- **정부에서 민간으로의 성공적 확장:** 팔란티어는 미국 정부와 동맹국과의 긴밀한 협력을 통해 안정적인 수익 기반을 마련했다. 이를 바탕으로 금융, 제조, 헬스케어 등 민간 기업으로 사업 영역을 넓히며 고객층을 빠르게 확대했다.

- **미래 산업의 핵심, 데이터와 AI:** 데이터가 석유만큼 중요해진 시대, 팔란티어는 그 데이터를 정제하고 활용하는 데 있어 세계 최고 수준의 기술력을 갖춘 기업이다. 앞으로 모든 산업의 경쟁력은 데이터와 AI를 얼마나 잘 활용하느냐에 달려 있으며, 이런 흐름 속에서 팔란티어는 장기적으로 지속적인 성장이 기대된다.

투자 시 고려사항

팔란티어의 수익 구조는 기술적으로 복잡해 일반 투자자들이 이해하기 쉽지 않다. 이 때문에 "얼마나 대단한 회사인가"에 대한 평가가 분분하다. 또한 미래 성장에 대한 기대감이 주가에 과도하게 반영될 수 있으며, 직원들에게 주식으로 보상을 많이 지급하는 구조는 기존 주주의 지분 가치를 희석시킬 수 있다는 점도 유의해야 한다.

실수를 인정하고 기억하라

백만장자라는 목표를 향해 나아가는 동안 나는 셀 수 없이 많은 실수를 저질렀다. 만약 내가 단 한 번의 오차도 없이 완벽한 매매를 해왔다고 믿는다면 그것은 단지 착각이거나, 스스로 기억을 왜곡하고 있는 것일 뿐이다. 투자에서 실수란, 피할 수 없는 숙명이다. 시장에서 하루를 보낸 초보 투자자든, 수십 년을 살아남은 베테랑이든, 인간이라면 본능적으로 실수를 반복한다. 경험이 쌓인다고 해서 본능이 완전히 사라지는 것이 아니기 때문이다.

특히 '투자'라는 세계는 그 결함을 감추거나 미루는 여유조차 주지 않는다. 방심은 곧바로 가격 변동으로 돌아오고, 한순간의 욕심은 예상치 못한 급락으로 응징받는다. 단 한 번의 미세한 판단 착오조차, 숫자로, 손실로, 계좌 잔고의 변동으로 적나라하게 새겨진다.

하지만 실수는 성장의 흔적이다. 투자란 그런 흔적을 한 겹, 또 한 겹 쌓아올리며 자기만의 지도를 완성해 나아가는 여정이다. 그 지도에는 내가 걸었던 위험한 길, 불필요하게 돌아갔던 길, 그리고 다시는 밟지 않을 길이 고스란히 기록된다.

본능을 이해하라, 그리고 무기로 벼려내라

나의 고질적인 실수에 대해서 얘기하자면, 급등하는 종목만 보면 손이 먼저 움직였다. 차트를 매일같이 모니터링하면서 '지금 아니면 기회를 놓친다'는 충동에 올라탔다. 특히, 가상화폐 투자를 시작한 후, 밈코인들의 급등을 볼 때 그런 실수는 지속적으로 반복되었다.

큰돈은 아니었지만, 그런 매수는 늘 내 시드를 조금씩 갉아먹었다. 이건 단순히 정보가 부족해서 저지른 실수가 아니었다. 내 안에 본능처럼 자리 잡은 충동 때문이었다. 수십억 원의 자산을 쌓은 지금도 그 잘못된 습관은 완전히 사라지지 않았다.

여러분도 그럴 것이다. 잘못임을 알면서도 반복하게 되는 행동들. 급등주에 올라타고, 목표 없는 물타기를 하고, 누군가의 말 한마디에 매도 버튼을 누르는 순간들. 그렇다고 해서 당신이 투자에 소질이 없거나 부자가 될 자격이 없다는 뜻은 아니다. 바보 같은 실수를 반복한 나도 결국 이 자리에 왔으니까.

중요한 건 단 하나다. 실수를 기억하고, 그로부터 배울 것. 절망할 필요는 없다. 다만, 그 실수를 깊이 각인해야 한다. 동일한 상황이 반복될 때 다른 선택을 할 수 있도록 스스로를 훈련시켜야 한다. 메타인지를 발동시켜야 한다.

"아, 이건 예전에 내가 실수했던 바로 그 패턴이구나."

그걸 인지하는 순간, 당신의 뇌는 달라진다. 그리고 조금씩 개선하면 된다. 실수의 횟수를 줄이고, 피해를 줄이고, 그 안에서 자신을 이해하면 된다. 나는 실수에 관대해질 것을 권한다. 실수는 당신의 본능에서 출발하고, 그 본능은 때로 매우 강력한 무기가 되기 때문이다.

급등주에 손이 먼저 가는 사람은 누구보다 시장 변화에 민감하고, 행동이 빠르다. 그 민첩함은 단점이 아니라, 상황에 따라서는 누구보다 빠르게 기회를 낚아챌 수 있는 무기가 된다. 반대로, 전략 없는 물타기를 반복하는 사람은 단기 성과에는 약할지라도, 꾸준히 시장에 남아있을 수 있는 끈기와 버티는 힘을 가지고 있다. 이 두 본능 모두 겉으로 보기엔 단점처럼 보이지만, 제대로 다듬기만 하면 강력한 장점으로 전환된다.

다만, 본능은 그대로 두면 날것일 뿐이다. 날것의 본능은 때로는 과감함이 아니라 무모함으로, 끈기가 아니라 지나친 고집으로 변할 수 있다. 그 차이를 가르는 것은 '훈련'이다. 매 순간의 결정에서 감정을 덜어내고, 과거의 실수를 떠올리며, 자신만의 규칙 안에서 행동하도록 길들이는 과정이 필요하다. 결국 문제는 본능이 아니라, 그 본능을 날카롭게 연마하지 않는 태도다. 다듬어진 본능은 언젠가 수익으로, 자산으로, 그리고 그 자산을 지키는 힘으로 돌아온다.

기록된 실수는 가장 값진 자산이다

당신이 실수했다고 느꼈다면, 그것을 반드시 기록하라. 종이에 써도 좋고, 메모 어플리케이션에 남겨도 좋다. 중요한 건, 그 순간의 감정과 이유를 있는 그대로 적는 것이다. '왜 이걸 샀는가?', '무엇을 기대했는가?' 그리고 '지금 다시 그 상황이 온다면, 어떤 선택을 할 것인가?'

이건 단순한 복기가 아니다. 자신의 무의식과 본능을 의식 위로 끌어올리는 훈련이다. 실수를 글로 써두면, 뇌는 그 실수를 단기 기억이 아닌 장기 기억으로 저장한다. 그리고 다음에 유사한 상황이 왔을 때, 당신의 뇌는 그 기록을 떠올리며 잠시 멈추게 해준다. 그 '멈춤'이 당신의 시드를 지키는 결정적 순간이 된다.

나는 지금도 중요한 실수는 따로 기록한다. 단순히 '언제, 얼마에' 같은 숫자만 남기는 게 아니다. 그때의 이유와 감정, 그리고 왜 그 결정을 내릴 수밖에 없었는지, 그 배경까지 적는다. 매수 버튼을 누르기 직전의 망설임, 손절 직후의 허탈함, 그리고 다시 시장에 돌아올 때의 다짐까지. 이 기록들은 내 투자 일기의 페이지를 채우고, 시간이 지나면 일종의 거울이 된다. 가끔 그 노트를 꺼내 읽으면, 당시의 나와 지금의 내가 마주 앉아 대화하는 기분이 든다.

어떤 페이지에서는 '그때는 왜 이렇게 성급했을까' 하고 웃게 되고, 또 어떤 페이지에서는 '그때의 과감함이 지금의 나를 만들었구나' 하고 고개를 끄덕인다. 놀랍게도 그 안에는 단순한 과거의 흔적이 아니라, 미래를 바꾸는 작은 힌트가 숨어 있다. 시장의 흐름과 내 행동 패턴, 감정의 변화를 하나로 엮는 조각들이다. 이 힌트들은 다음번 의사결정에서 나를 잠시 멈추게 하고, 다른 선택지를 보게 만든다. 그리고 그 잠깐의 멈춤이, 때로는 수백만 원, 수천만 원을 지키는 결정적 순간이 된다.

당신이 어떤 본능을 가졌는지 파악하고, 그로 인해 반복되는 실수들을 정확히 기억하고, 그 본능을 천천히, 그러나 집요하게 길들여 나간다면 당신은 반드시 살아남는다. 그리고 살아남는 자만이 투자의 성공을 거머쥔다. 그건 단지 '운 좋은 사람'이 아니라, 실패를 껴안고 끝까지 걷는 사람에게 주어지는 선물이다. 그러니 기억하라. 실수는 나쁜 것이 아니라, 당신 안의 지도를 만드는 일이다. 그리고 그 지도는 언젠가 당신만의 길을 열어줄 것이다. 조금 흔들리더라도 그 길은 반드시 당신을 목적지에 데려다줄 것이다.

5. 밈코인(Meme Coins)

"농담으로 시작해 폭탄 돌리기로 끝나는, 가치 없는 숫자들의 광기 어린 축제"
밈코인은 인터넷상의 농담(Meme)이나 유행에서 영감을 받아 만들어진 암호화폐다. 도지코인(Dogecoin)처럼 단순한 장난으로 시작하여 시가총액 수십조 원에 이르기도 하지만, 대부분은 아무런 기술적 목표나 실질적인 사용처 없이 오직 재미와 투기적 관심만으로 존재한다.

> **투자 난이도** ★★★★★
> **기대 상승률** ★★★☆☆
> **투자 매력도** ☆☆☆☆☆
> **이런 분께 추천해요** "밈코인에 투자하는 순간, 당신의 투자는 도박으로 변질된다"

핵심 특징 및 투자 포인트

(주의: 아래 특징은 밈코인이 가진 유일한 가격 상승 동력이자, 동시에 모든 것을 잃게 만드는 핵심적인 위험 요인이다.)

- **완벽하게 부재하는 본질적 가치:** 밈코인은 애초에 세상을 바꾸려는 기술이나 원대한 목표를 가지지 않는다. 백서(사업 계획서)가 없거나, 있더라도 장난으로 채워진 경우가 대부분이다. 가치의 유일한 근원은 '재미있어서', '유명인이 언급해서'와 같은 비이성적인 이유뿐이다.

- **소셜 미디어와 인플루언서가 만든 가격:** 밈코인의 가격은 트위터(X), 레딧, 틱톡과 같은 소셜 미디어 여론에 의해 100% 좌우된다. 일론 머스크와 같은 유명 인사의 단 한마디 게시글에 수백 퍼센트 급등락을 반복하며, 이는 기술적 분석이나 이성적인 가치 평가가 전혀 통하지 않는다는 것을 의미한다.

- **극단적인 '한탕주의' 심리 자극:** 밈코인은 단 며칠 만에 수만 퍼센트라는 경이로운 수익률을 기록하며 '인생 역전'을 꿈꾸는 투자자들을 대거 끌어모은다. 그러나 이러한 비정상적인 급등은 언제나 더 비싼 값에 사줄 다음 사람을 찾는 과정일 뿐이다. 마지막에 폭탄을 넘겨받는 대다수는 전 재산을 잃게 된다.

밈코인 시장은 사기와 시세 조종이 가장 극명하게 일어나는 곳이다. 특정 세력이 가격을 인위적으로 끌어올린 뒤 순식간에 팔아치우는 '펌프 앤 덤프(Pump & Dump)'가 일상적이며, 개발팀이 자금을 들고 사라지는 '먹튀', 즉 러그풀(Rug Pull)의 최종 목적지로 여겨진다. 밈코인은 투자라는 이름으로 포장된 순수한 도박이며, 그 확률은 카지노보다도 현저히 낮다.

당신이 한국인임을 잊어라

많은 사람들은 투자에서 '익숙함'을 가장 먼저 고려한다. 그래서 대부분의 한국 투자자들은 자연스럽게 국내주식을 선택한다. 뉴스에서도 자주 보고, 회사 이름도 익숙하고, 주변 친구들도 같은 종목을 이야기하니까. 심지어 어떤 사람은 "삼성전자는 망하지 않아"라는 말만 믿고, 아무런 분석 없이 전 재산을 우직하게 넣는다. 그들은 종목을 고르는 것이 아니라, 심리적인 안락함과 정서적인 안전지대를 고르는 셈이다.

하지만 이것은 투자라기보다는 단기적인 불안감을 줄이기 위한 선택에 가깝다. 실제로 투자에서 가장 큰 보상은 '편안한 구역'을 벗어날 때 주어지는데, 많은 사람들은 이 단순한 진리를 알면서도 실행하지 못한다. 익숙한 기업은 이해하기 쉽고, 주변과 같은 선택을 하면 틀렸을 때 혼자가 아니라는 심리적 위안이 주어지기 때문이다. 그러나 이런 선택은 장기적으로 당신을 평균 이하의 수익률에 묶어둘 가능성이 크다.

물론 한국이라는 나라가 투자에 전혀 부적합한 시장은 아니다. 반도체, 배터리, 바이오, 콘텐츠 산업 등 세계적으로 경쟁력 있는 기업들이 존재하고, 기술력과 인프라가 탄탄한 산업도 많다. 하지만 바로 그렇기 때문에 더 중요한 질문을 던져야 한다.

"나는 이 종목이 진짜 세계적으로 경쟁력이 있어서 투자하는가, 아니면 단순히 익숙해서 투자하는가?"

이 질문에 정직하게 답하지 못한다면, 그 투자는 이미 출발선에서부터 감정에 의해 오염된 것이다.

돈이 어디로 흐르는지 관찰하라

나는 2022년 이후로 대부분의 자금을 미국 주식과 가상화폐에 투자하고 있다. 이유는 간단하다. 미국기업들의 장기 추세를 보면 알 수 있듯, 이들은 수십 년간 꾸준히 우상향하며 전 세계 자금을 빨아들였다. 애플, 마이크로소프트, 아마존, 구글 같은 기업들은 국경을 초월해 전 세계인을 대상으로 비즈니스를 펼치고, 압도적인 실적과 브랜드 파워로 자본의 흐름을 장악한다. 또한, 팔란티어, 아이렌, 오라클과 같은 기업들은 새로운 버블의 중심에서 끊임없이 에너지를 축적하며, 다음 도약의 순간을 준비하고 있다.

자본의 다음 목적지는 가상화폐 시장이다. 가상화폐라고 하면

많은 사람들은 여전히 도박과 같은 투기만을 떠올리지만, 가상화폐 시장은 이미 전 세계 금융 시스템과 직접 연결되며 새로운 질서를 만들어내고 있다. 그 중심에는 스테이블코인Stablecoin, 즉 '디지털 달러'가 있다.

스테이블 코인은 달러 등 법정화폐 가치에 1:1로 연동되어, 가격 안정성을 유지하도록 설계된 암호화폐로 USDT, USDC 등이 대표적이다. 나는 이 디지털 달러가 미래의 화폐로 자리 잡을 것이라 확신했고, 그 구조 속에서 가장 큰 수익을 가져갈 두 축(이더리움과 코인베이스)에 집중적으로 투자하고 있다.

이 선택의 이유는 명확하다. 이더리움은 전 세계 디지털 달러가 오가는 '고속도로'와 같다. 사람들이 이 고속도로를 통해 자금을 이동할 때마다 일정한 '통행료'를 지불하는데, 그것이 바로 이더리움이다. 디지털 달러의 사용이 늘어날수록 이더리움의 가치는 구조적으로 상승할 수밖에 없다.

한편 코인베이스는 디지털 달러USDC를 직접 발행하는 핵심 파트너 중 하나다. 이용자가 디지털 달러를 구매하기 위해 맡긴 실물 달러를 안전하게 보관하고, 거기에서 발생하는 이자를 수익화한다. 동시에 디지털 달러가 거래될 때마다 수수료를 챙기는 구조를 갖고 있다. 결국 디지털 달러의 확산 자체가 곧 코인베이스의 성장으로 이어진다.

이러한 구조를 이해하고 투자한 결과, 나는 현재 3배가 넘는 수익을 얻고 있다. 그러나 이는 끝이 아니라 시작이다. 앞으로 국제 무역과 송금의 더 큰 비중이 디지털 달러로 이루어질 것이고, 그 시점이 도래하면 이 두 자산의 가치는 지금과는 비교할 수 없을 만큼 확장될 것이다.

한국의 틀을 넘어, 세계를 바라보라

결국 내가 미국 주식과 가상화폐에 집중하는 이유는 단순한 취향이나 모험심이 아니라, 돈의 방향을 읽고 그 흐름에 올라타는 전략 때문이다. 미래를 결정짓는 자본의 이동은 이미 시작됐고, 나는 그 물결 한가운데서 움직이고 있다.

하지만 여기서 정말 중요한 포인트가 있다. 나는 미국 주식이나 가상화폐에 투자하라고 강요하는 게 아니다. 누구나 투자 성향과 리스크 선호도는 다르고, 그에 따라 선택하는 자산군도 달라질 수 있다. 하지만 당신이 어떤 종목이나 시장을 선택할 때, '내가 한국인이기 때문에'이라는 감정적 배경에서 출발하고 있지는 않은지 반드시 자문해봐야 한다는 것이다.

실제로 금융경제학에서는 이를 '홈 바이어스Home Bias'라고 부른다. 투자자들이 자신이 속한 국가나 지역에 있는 자산에 과도하게 비중을 두는 현상이다. 세계는 점점 통합되고 있고, 자본은 국경을 넘나들며 이동하고 있다. 그런데 투자자의 관점만 과거에 머물러 있다면, 그만큼 기회의 창도 좁아질 수밖에 없다.

돈은 국적이 아니라 논리와 실력, 그리고 미래 가치가 있는 쪽으로 흐른다. 투자라는 게임판 위에서는 중립적 관찰자가 되어야 한다. 돈은 감정과 애국심에 반응하지 않는다. 오직 성장성, 구조적

경쟁력, 그리고 시장의 신뢰에 반응한다. 그러니 종목을 선택할 때

만큼은, 당신이 한국인임을 잊어라. 그때 비로소, 돈이 향하는 진짜

길이 보이기 시작한다.

6. 이더리움(Ethereum, ETH)

"탈중앙 금융과 디지털 경제를 위한 세계 컴퓨터"

이더리움은 단순히 주고받는 기능만 있는 비트코인을 넘어, '스마트 컨트랙트'라는 계약서 역할을 하는 프로그램을 실행할 수 있는 거대한 글로벌 컴퓨터 플랫폼이다. 개발자들은 이더리움 위에서 은행, 보험, 게임, 예술품 거래(NFT) 등 중개인 없는 다양한 서비스를 만들 수 있다. 이때 이더리움은 이 거대한 컴퓨터를 움직이는 '연료' 또는 '운영체제'와 같은 역할을 한다.

> **투자 난이도** ★★★★☆
> **기대 상승률** ★★★★★
> **투자 매력도** ★★★★☆
> **이런 분께 추천해요** 스테이블 코인을 이해한 가상화폐 고수 투자자

핵심 특징 및 투자 포인트

- **'스마트 컨트랙트'와 압도적인 생태계:** 블록체인 개발자의 80% 이상이 이더리움 위에서 활동하고 있어, 다른 경쟁자들이 쉽게 따라올 수 없는 강력한 장벽이 되었다.

- **디지털 경제의 기축 통화:** 이더리움은 전 세계 디지털 달러(스테이블 코인)의 대부분이 오고 가는 핵심 도로망 역할을 한다. 이 도로 위에서 모든 거래가 일어날 때마다 그 수수료는 이더리움 코인으로 지불된다. 즉, 디지털 경제가 활발해질수록 연료인 이더리움에 대한 수요는 자연스럽게 증가한다.

- **공급량이 줄어드는 자산:** 이더리움은 거래가 일어날 때마다 수수료의 일부가 소각(영구 제거)되는 구조를 가지고 있다. 즉, 많이 쓰일수록 시장에서 사라지는 양이 늘어나는 희소성 강화 메커니즘 덕분에 가치 저장 자산으로서의 매력도 커지고 있다.

투자 시 고려사항

이더리움의 가장 큰 약점은 사용자가 몰릴 때 거래 수수료(가스비)가 매우 비싸진다는 점이다. 이 문제를 해결하기 위해 솔라나 등 더 빠르고 저렴한 경쟁 플랫폼들이 계속해서 등장하고 있다.

7. 코인베이스(Coinbase, COIN)

"디지털 자산 세계로 들어가는 가장 안전한 관문"
코인베이스는 전 세계 비트코인이나 이더리움 같은 디지털 자산을 가장 쉽고 안전하게 사고팔 수 있도록 돕는 미국 최대의 거래소다. 단순히 거래를 중개하는 것을 넘어, 자산을 안전하게 보관해 주고, 스테이킹(예치)을 통해 이자를 벌게 해주는 등 디지털 자산과 관련된 모든 서비스를 제공하는 '금융 플랫폼' 역할을 하고 있다.

> **투자 난이도** ★★★★☆
> **기대 상승률** ★★★★☆
> **투자 매력도** ★★★★☆
> **이런 분께 추천해요** 가상화폐 시장에 처음 발을 들이고 싶은 신규 투자자

핵심 특징 및 투자 포인트

- **규제와 신뢰, 가장 안전한 선택지:** 코인베이스는 미국 나스닥에 상장된 유일한 대형 암호화폐 거래소다. 이 때문에 시장에서는 코인베이스를 사실상 "미국이 공식적으로 인정하고 밀어주는 가상화폐 거래소"로 본다.

- **디지털 달러(USDC)를 통한 안정적 수익:** 코인베이스는 서클(Circle)과 함께 달러와 1:1로 연동된 디지털 달러 USDC를 운영한다. 사람들이 맡긴 실제 달러에서 이자가 생기고, USDC가 거래될 때마다 수수료가 붙는다. 덕분에 시장이 크게 오르내려도 코인베이스는 꾸준히 돈을 벌 수 있다.

- **거래 수수료를 넘어서는 사업 모델:** 기관을 대상으로 자산을 보관해주는 서비스, 개발자들을 위한 클라우드 서비스, 코인을 맡기면 이자를 주는 스테이킹 서비스 등 사업 영역을 다각화하여 꾸준히 성장하고 있다.

투자 시 고려사항

코인베이스의 가장 큰 수입원은 여전히 거래 수수료이므로, 암호화폐 시장이 침체되어 거래량이 줄어들면 회사 실적도 함께 나빠질 수 있다. 또한, 암호화폐 시장 자체에 대한 각국 정부의 규제가 어떻게 변할지 모른다는 불확실성이 항상 존재한다.

투자는 삶의 일부여야 한다

나는 투자를 통해 내 삶을 바꿨다. 더 이상 월급날을 기다리지 않는 삶. 꿈꿔왔던 일상을 사는 삶, 사고 싶은 물건의 선택 기준을 '가격'이 아닌 '기호'로 바꾼 삶. 그 모든 변화는 투자가 가져다준 선물이었다. 투자는 단순히 통장의 숫자를 늘리는 일이 아니라, 나의 선택지와 자율성을 확장시키는 일이었다.

그러나 투자는 인생의 도구이지, 인생 그 자체가 되어서는 안 된다. 이 말은 처음 들으면 다소 모순처럼 들릴 수 있다. 분명 투자가 나를 더 자유롭게 만들었고, 나의 일상과 미래를 송두리째 바꿔놓는데, 왜 정작 그 투자에 내 인생 전부를 걸어서는 안 된다고 말하는 걸까? 돈이 꿈을 현실로 만드는 강력한 수단이라면, 그 돈을 만드는 투자야말로 인생의 중심이 되어야 하지 않을까 하는 의문이들 수도 있다. 하지만 바로 그 지점에서 함정이 시작된다.

투자가 삶의 전부가 되는 순간, '집착'하게 된다

이 집착은 단순한 관심이나 열정을 넘어선 상태를 말한다. 잠들기 전까지 차트를 들여다보고, 새벽에 눈을 뜨면 가장 먼저 가격부터 확인하는 일상. 하루의 기분이 시장의 등락에 따라 출렁이고, 주말에도 머릿속이 다음 주 개장일의 가격으로 가득 차 있다면 집착이 시작된 것이다. 집착은 곧 감정을 낳고, 감정은 원칙을 무너뜨린다. 당신도 알고 있을 것이다. 투자에서 감정은 가장 위험한 장애물이다. 두려움은 손절을 부르고, 탐욕은 과매수를 만든다. 조급함은 타이밍을 망치고, 오만은 실수를 부른다.

진짜 잘하는 투자자는, 투자에 집착하지 않는다. 그들은 늘 일정한 거리감을 유지한다. 시장과 삶을 분리하고, 돈과 감정을 분리한다. 이 거리는 무관심이 아니라 '건강한 관심'이다. 매일 시장을 체크하더라도, 그것이 하루의 감정을 좌우하게 두지 않는다. 시세가 급락해도 호흡이 흐트러지지 않고, 급등이 와도 들뜬 마음에 손이 먼저 나가지 않는다.

그들은 투자를 '배우는 일'로 여길 뿐, 인생의 모든 의미를 거기에 담지 않는다. 공부하고, 기록하고, 관찰하고, 때로는 매수를 하며, 모든 과정이 자기 계발의 일부로 존재한다. 그렇게 삶 속에 자연스럽게 스며든 투자는 가장 오래 살아남고, 가장 강력한 힘을 발휘한다.

진짜 투자자는 삶을 주도한다

그들은 삶을 중심에 두고, 그 삶을 확장하기 위해 자산을 운용한다. 시장은 언제나 예측 불가능하지만, 삶의 중심이 단단한 사람은 흔들리지 않는다. 그리고 그 단단함은 투자 수익에서 오는 것이 아니라, 당신이 지켜야 할 본질에서 온다. 가족과의 저녁 식사, 아이의 웃음소리, 당신이 사랑하는 취미를 즐기는 시간. 이런 것들이 무너지면 아무리 높은 수익률을 올려도 공허함만 남는다.

그렇기에 나는 투자의 대가들이 권하는 '우량주 중심의 투자'를 적극적으로 옹호한다. 세계 최고의 투자자 워런 버핏이 자신의 유언장에 "재산의 90%를 S&P 500 인덱스 펀드에 투자하라"고 명시한 것은 결코 쉽게 지나칠 말이 아니다.

나의 투자 또한 공격적인 베팅만 있었던 것은 아니다. 본업으로 여유가 없어 투자에 시간을 쏟지 못하는 시기에는 어김없이 S&P 500 ETF의 비중을 높였다. 개별 종목의 흥망성쇠에 대한 분석에 시간을 쏟는 대신, 나는 미국 최고의 기업 500개가 뿜어내는 거대한 성장의 과실을 나눠서 갖는 쪽을 택했다. 이는 특정 기업의 리스크에서는 자유로워지면서, 자본주의 시스템이 작동하는 한 장기적으로 우상향할 수밖에 없는 가장 확실한 자산에 나의 돈을 묶어두는 행위였다.

이러한 투자는 우리를 단기적인 시장의 소음에서 해방시킨다. 매일 주가 어플리케이션을 들여다보며 스트레스받는 대신, 우리는 각자의 가정과 본업에 더욱 충실할 수 있다. 가정을 지키고, 본업에 성실하며, 소중한 사람들과의 시간을 지켜내는 것. 이것이야말로 투자 성과를 지탱하는 가장 튼튼한 토대다.

투자에 미쳐 살지 말고, 삶에 몰입하되, 투자라는 도구를 활용해 그 삶을 더 넓고 자유롭게 만들어라. 돈을 벌기 위해서만이 아니라, 더 멀리 바라보고, 더 넓게 사랑하기 위해서 투자하라. 당신이 원하는 것은 단순히 계좌의 숫자가 커지는 일이 아니라, 그 숫자가 당신에게 가져다주는 '선택의 자유'일 것이다.

그럴 때, 당신은 수익률이라는 좁은 잣대에 머무르지 않는다. 대신 시간을 스스로 설계할 권리를 얻는다. 하고 싶은 일을 미루지 않을 여유, 어떤 폭풍 속에서도 흔들리지 않는 자존감과 확신. 바로 그것이 훨씬 더 값진 수익이다. 그 순간 투자 성과는 단순한 숫자가 아니라, 당신 삶의 밀도를 높여주는 도구로 변한다. 그리고 그 삶이야말로 당신이 진정으로 추구해온 최종 수익이다.

8. S&P 500 ETF

"미국 경제 그 자체, 투자의 전설들이 추천하는 가장 위대한 자산 배분"
S&P 500은 신용평가사 '스탠더드앤드푸어스(Standard & Poor's)'가 선정한 미국을 대표하는 500개 우량 기업의 주가를 종합하여 만든 시장 대표 지수다. S&P 500 ETF 하나를 사는 것만으로도 미국 경제 전체에 분산 투자하는 효과를 얻을 수 있다. 대표적인 ETF로는 SPY, VOO, IVV 등이 있다.

> **투자 난이도** ☆☆☆☆☆
> **기대 상승률** ★★☆☆☆
> **투자 매력도** ★★★☆☆
> **이런 분께 추천해요** 스트레스 없이 안정적인 수익을 원하는 투자자

핵심 특징 및 투자 포인트

- **미국 경제와의 완벽한 동행:** S&P 500 지수는 기술, 금융, 헬스케어, 소비재 등 미국 경제를 구성하는 모든 핵심 산업을 아우른다. 따라서 이 지수에 투자하는 것은 특정 기업이나 산업의 흥망에 베팅하는 것이 아니라, 세계 최강대국인 미국의 장기적인 경제 성장에 투자하는 것과 같다. 이는 가장 안정적이면서도 강력한 투자 전략이다.

- **투자의 대가들이 인정한 최고의 선택:** 워런 버핏은 "대부분의 투자자에게 최고의 선택은 S&P 500 인덱스 펀드를 사는 것"이라고 수차례 강조했다.

- **자동으로 이뤄지는 '세대교체':** S&P 500 지수는 시대의 흐름에 맞춰 성장하는 기업은 새로 편입하고, 쇠퇴하는 기업은 퇴출시킨다. 투자자는 가만히 있어도 항상 그 시대의 최고 기업들로 자동 리밸런싱되는 효과를 누릴 수 있다.

투자 시 고려사항

'미국 경제 전체'에 투자하는 것인 만큼, 경제 위기나 침체기에는 지수 전체가 하락하는 시장 위험(Market Risk)에 그대로 노출된다. 단기적으로는 수년간 횡보하거나 하락하는 약세장을 겪을 수 있으므로, 최소 5년 이상의 장기적인 호흡으로 꾸준히 적립식 투자하는 전략이 가장 적합하다.

흔들리지 않는 편안함, 기본기 습득:

PART 2

기초 없는 건물은

무너진다

　당신은 이제 올바른 마인드를 쌓았다. 돈과 투자, 그리고 성공을 향한 여정에서 무엇이 중요한지에 대한 기준과 신념을 갖게 되었다. 눈앞의 유행에 흔들리지 않고, 뉴스 한 줄에도 마음이 출렁이지 않으며, 시장이 잠시 요동치더라도 전체 그림 속에서 현재의 위치를 볼 수 있는 관점을 마련한 것이다.

　마인드를 세웠다는 것은 투자자로서의 '출발선'에 제대로 섰다는 뜻이다. 그러나 출발선에 서 있는 것과 완주하는 것은 전혀 다른 문제다. 아무리 단단한 마음을 가졌더라도, 그 위에 쌓아 올릴 기초가 없다면 투자 여정은 오래가지 못한다. 마인드는 기초를 쌓기 위한 토대일 뿐, 그 위에 올리는 건물의 구조가 제대로 잡히지 않으면 결국 무너진다. 그래서 지금부터는 그 토대 위에 벽돌을 하나씩 쌓아 올리는 과정이 필요하다. 바로 '기본기'를 다지는 일이다.

이 단계는 축구로 치면 리프팅 연습이고, 요리로 치면 재료 다듬기다. 나는 이것을 '투자의 정석'이라 부른다. 《수학의 정석》을 떠올려보라. 누구나 한 번쯤은 그 두꺼운 책을 붙들고 공식과 유형 문제를 반복했던 기억이 있을 것이다. 거기엔 화려한 비법도, 기막힌 지름길도 없었다. 오직 기본기만이 있었다. 하지만 그 정석을 끝까지 해낸 사람은 결국 어떤 문제 앞에서도 흔들리지 않는다.

투자도 마찬가지다. 복잡한 재무제표나 고급 차트 분석보다 먼저, 반드시 익혀야 할 것은 '반복 가능한 단순한 원칙'이다. 겉보기에 평범하고 지루해보일 수 있지만, 이 단순함이야말로 시장에서 오래 살아남는 힘이다. 문제는 많은 사람들이 이 단계를 건너뛴다는 것이다. 종목 하나 잘 골라 단숨에 수익을 내려는 조급함에, 기본기도 없이 매수 버튼부터 누른다. 그러다 잠시 수익이 나면 실력이라 착각하고, 손실이 나면 같은 실수를 반복한다. 그러고는 스스로 묻는다. "왜 나는 항상 뒷북을 치고, 왜 내가 사면 떨어지는 걸까?" 답은 명확하다. 아직 이 '정석'을 처음부터 끝까지 경험해 본 적이 없기 때문이다.

기본은 느리고, 눈에 잘 띄지 않으며, 처음에는 눈에 보이는 성과조차 나지 않는다. 매일 조금씩 쌓아 올리는 벽돌처럼, 변화는 미미하고 답답하기까지 하다. 그래서 대부분의 사람들은 이 과정을 건너뛴다. 하지만 투자의 세계에서 이런 조급함은 치명적이다. 화려한 기술은 기초 위에 올렸을 때만 제 힘을 발휘한다. 토대 없이 쌓은 건물은 작은 흔들림에도 무너지고, 기본 없이 하는 투자는 첫 번째 하락장에서 무릎 꿇는다.

결국 투자는 '순간적인 재능'이 아니라, '반복되는 원칙'을 증명하는 일이다. 단기적인 성과는 운이 만들 수 있지만, 장기적인 성과는 반드시 원칙이 만든다. 매일의 선택과 행동이 쌓여 나만의 투자 체력을 형성하고, 이 체력은 시장이 불안정할 때 진가를 발휘한다.

나의 자산 축적 과정은 겉으로 보기엔 특별해 보일지 몰라도, 실상은 화려한 '한 방'의 연속이 아니었다. 오히려 지루할 만큼 반복된 '정석'의 결과였다. 매일 원칙에 맞게 시장을 살피고, 동일한 리듬으로 매수와 매도를 결정하며, 계획에서 벗어나는 행동은 단호하게 배제했다. 남들이 호들갑을 떨며 매수 버튼을 누를 때 나는 침착하게 다음 수를 계산했고, 남들이 불안에 떨며 던질 때 나는 묵묵히 기다렸다.

그런 행동이 가능했던 이유는 단 하나, 나에게는 흔들리지 않는 '기본기'가 있었기 때문이다. 기본기에 입각한 원칙은 단순한 투자 규칙이 아니라, 어떤 시장 상황에서도 내 마음을 붙잡아주는 닻이었다. 주가가 요동칠 때도, 뉴스가 공포를 부풀릴 때도, 그 닻 덕분에 나는 제자리를 지킬 수 있었다. 기본은 유행이 지나간 뒤에도 나를 살아남게 하는 체력이다. 그것은 단기 수익률로는 측정되지 않지만, 장기적인 생존력으로 증명된다. 수많은 투자자들이 시장에서 사라져 가는 동안, 나는 여전히 남아 있었고, 그 시간이 쌓여 내 자산 곡선을 천천히, 그러나 꾸준히 위로 올려놓았다.

이번 챕터에서 우리는 그 문법의 뼈대를 함께 세워갈 것이다. 당신이 앞으로 맞이할 수많은 호황과 침체, 기회와 위기 속에서 이 문법은 단순한 지식이 아니라 행동을 결정짓는 토대가 될 것이다. 그 토대가 단단할수록, 당신은 더 깊이 생각하고 더 멀리 내다볼 수 있게 된다. 결국 그 문법이야말로, 당신의 자산과 마음을 끝까지 지켜주는 가장 강력한 버팀목이 될 것이다.

시장을 이기려 들지 마라

투자의 최우선 고려 요소는 '흐름'이다. 이 흐름은 단순히 하루 이틀의 등락이 아니라, 거대한 파도처럼 시장 전반을 이끄는 힘이다. 그리고 그 힘은 결코 개별 종목의 사정으로 움직이지 않는다. 주식이든, 코인이든, 부동산이든 모든 자산은 결국 하나의 거대한 흐름 아래 놓여 있다. 그 흐름의 이름이 바로 '매크로Macro'다. 매크로는 거시경제를 뜻하는 말로, 금리, 환율, 인플레이션, 유동성, 경제성장률 등 시장 전반에 영향을 미치는 큰 흐름을 말한다.

시장은 거대한 강물과 같다. 강물의 방향과 속도를 무시한 채 역행하려 하면, 체력은 금세 고갈되고 결국 떠밀려 내려가게 된다. 투자의 기술이 아무리 정교해도, 흐름을 무시하면 길을 잃는다. 내가 배운 결론은 명확하다. 흐름이 맞지 않을 때는 멈추고, 흐름이 열릴 때는 그 힘을 타고 나아가야 한다. 그것이 시장이라는 압도적인 힘 앞에서 유일하게 생존하는 길이다.

하늘이 맑을 때 행동하라

금리가 인하되고, 시장에 돈이 흐르기 시작할 때, 그 순간이 진짜 투자의 시즌이다. 이때는 단순히 좋은 종목을 고르는 것을 넘어, 살아있는 시장 흐름에 올라타는 것 자체가 전략이 된다. 살아 있는 시장은 생각보다 강하다. 약간 부족한 종목조차 수면 위로 끌어올릴 만큼의 힘이 있다.

이 시기의 투자는 단지 숫자의 문제가 아니라, 확신과 용기의 문제다. 많은 사람들이 뒤늦게 눈치 채고 쫓아올 때, 이미 준비된 사람은 여유롭게 추세를 누리고 있다. 그러니 기회는 시장이 줄 때 잡아야 한다. 거대한 순풍이 불 때, 돛을 올릴 수 있는 준비가 되어 있어야 한다. 맑은 하늘 아래서 시작된 투자는 흐름이라는 날개를 단다.

그러나 유동성이 사라진 시장은 잔혹하다. 유동성의 물줄기가 빠져나가는 순간, 상황은 정반대로 바뀐다. 그동안 감춰져 있던 재무 구조의 허점, 경쟁력의 부재가 그대로 드러난다. 워런 버핏의 말처럼, 썰물이 되어봐야 비로소 누가 발가벗고 헤엄치고 있었는지 드러나는 법이다. 이 시기에는 탄탄한 기초 없이 운에 의존했던 기업들이 가장 먼저 무너진다. 그리고 그 하락은 빠르고, 잔인하며, 투자자에게 단 한 번의 회피 기회조차 주지 않는다.

우리의 역할은 단 하나다. 지금 시장이 보내는 신호를 정확히 해석하는 것. 지금 하늘이 맑은가, 흐린가. 그것만 제대로 판별해도, 당신의 계좌는 전혀 다른 길을 걷게 된다. 경기 흐름과 매크로 지표를 확인하는 방법은 다양하다. 트레이딩뷰 같은 어플을 설치해 통화량 지표를 직접 살펴볼 수도 있다. 조금 번거롭다면, 유튜브에 '통화량 추세', '금리 흐름'만 검색해도 된다. 이미 수많은 전문가들이 현재의 흐름을 설명하고 있기에, 어떻게 파악해야 할지 걱정할 필요는 없다.

나는 틀릴 수 있어도, 시장은 틀리지 않는다

2020년, 전 세계를 멈춰 세운 팬데믹의 공포가 정점에 달했을 때, 미국은 '제로 금리'라는 전례 없는 카드를 꺼내 들었다. 곧이어 천문학적인 규모의 유동성이 시장으로 쏟아져 들어왔다. 넘치는 돈의 힘으로 주식, 암호화폐, 부동산 할 것 없이 모든 자산의 가격이 수직으로 솟구쳤다. 거대한 유동성의 파도가 모든 것을 밀어 올리는 장이었다.

이 거대한 흐름 속에서 나의 투자 논리는 명확했다. '팬데믹이 가속화한 비대면 시대의 최대 수혜주에 집중한다.' 나의 선택은 아마존이었다. 사람들의 발이 묶인 세상에서 이커머스 제국 아마존의 지배력은 더욱 공고해질 것이며, 동시에 재택근무와 폭증하는 콘텐츠 소비는 아마존의 또 다른 심장, AWS(클라우드 서비스)의 성장을 폭발시킬 것이라는 확신이 있었다. 포트폴리오의 가장 큰 비중을 아마존에 싣는 것은 가장 빨리 달릴 최상급 경주마에 베팅하는 것과 같았다.

예상은 적중했다. 아마존은 팬데믹의 대표적인 수혜주로 자리매김하며 1년여 만에 두 배가 넘는 수익률을 안겨주었다. 하지만 나는 이 수익이 온전히 나의 실력 덕분이 아님을 명확히 알고 있었다. 솔직히 말해, 그때는 어떤 성장주를 눈 감고 골랐어도 비슷한 수익을 거둘 수 있었을 만큼 시장의 흐름 자체가 모든 투자자에게 선물을 안겨주던 시기였다.

하지만 영원한 파티는 없었다. 2021년 말이 되자, "인플레이션은 일시적"이라며 모두를 안심시키던 미국 중앙은행(연준)이 마침내 입장을 바꿨다. 이는 곧 금리를 올려 시장의 돈줄을 죄겠다는 명확한 신호였다. 나는 이것을 거대한 흐름이 바뀌는 첫 번째 신호로 받아들였다. 금리 인상이라는 차가운 파도가 밀려오기 전, 나는 가장 먼저 파티에서 빠져나올 준비를 했다. 주위에서는 "이 정도 조정은 건강한 것"이라며 낙관론이 팽배했지만, 나는 이미 매수 버튼에서 손을 뗐다. 빠르게 포트폴리오를 안전자산으로 옮기고, 신규 진입은 완전히 중단했다.

시장의 바람이 역풍으로 바뀌면, 개별 종목의 가치와 실적이 아무리 좋아도 고금리의 무게를 버텨낼 수 없다는 것을 알았기 때문이다. 그리고 그 예감은 불과 몇 달 만에 현실이 되었다. 2022년이 되자 연준의 가파른 금리 인상이 시작되었고, 유동성의 힘으로 부풀려졌던 성장주들은 처참하게 무너져 내렸다.

그 처절한 하락장을 지켜보며 나는 투자의 본질을 다시 한번 깨달았다. 한두 종목을 맞히는 실력보다 중요한 것은 시장 전체를 지배하는 '거대한 흐름'을 읽는 눈이다. 이것은 기술의 영역이 아닌, 겸손의 영역이다. 나는 언제든 틀릴 수 있지만, 시장의 거대한 흐름은 결코 틀리지 않는다. 이 진리를 체화하면, 당신은 상승의 파도에 올라탈 때는 과감하게 몸을 싣고, 하강의 징조가 보일 때는 조용히 물러나 기다릴 줄 알게 될 것이다. 그리고 그 단순한 원칙이, 수익과 생존을 가르는 가장 확실한 경계가 된다.

그러니, 지금 시장의 날씨를 확인하라. 맑은가? 그렇다면 자신 있게 행동하라. 흐린가? 그렇다면 욕심을 접고 기다려라. 이 단순한 전략만으로도 당신은 수많은 위험을 피하고, 높은 파도에 올라탈 수 있을 것이다.

9. 아마존(Amazon, AMZN)

"우리 삶의 모든 것을 지배하는 거대한 제국"
책을 파는 작은 온라인 서점에서 출발했지만, 이제는 세상의 거의 모든 물건을 집 앞까지 배달하는 세계 최대의 온라인 쇼핑몰로 성장했다. 그러나 아마존의 진짜 힘은 눈에 잘 보이지 않는 곳에 있다. 우리가 매일 사용하는 수많은 어플리케이션들이 돌아가는 배경에는 아마존의 클라우드 서비스 AWS가 있다. 즉, 아마존은 온라인 쇼핑과 인터넷 인프라 두 영역을 동시에 지배하는 거대한 기술 기업이다.

> **투자 난이도** ★★★☆☆
> **기대 상승률** ★★★☆☆
> **투자 매력도** ★★★☆☆
> **이런 분께 추천해요** AI 혁신을 전 산업에서 체험하고 싶은 경험형 투자자

핵심 특징 및 투자 포인트

- **아무도 넘볼 수 없는 '온라인 쇼핑의 성':** 아마존의 쇼핑몰은 한번 이용하면 빠져나가기 힘든 강력한 매력을 가진다. 수많은 사람들이 '프라임 멤버십'에 가입해 빠른 배송과 다양한 혜택을 누린다. 이용자가 많아지니 더 많은 판매자가 모여들고, 상품이 다양해지니 다시 이용자가 늘어나는 선순환 효과는 다른 경쟁자들이 절대 따라올 수 없는 아마존만의 강력한 무기다.

- **아마존의 진짜 현금 창출원, 클라우드:** 우리가 온라인 쇼핑에 쓴 돈보다 아마존이 클라우드 서비스로 버는 돈의 이익이 훨씬 크다. AWS는 전 세계 수많은 기업에게 서버 공간과 IT 인프라를 빌려주는 '인터넷 세상의 건물주' 역할을 한다. 쇼핑 사업이 돈을 벌어 성을 쌓는 역할이라면, AWS는 그 성을 유지하고 확장하는 막대한 현금을 꾸준히 만들어내는 핵심 수익원이다.

- **광고와 인공지능, 미래를 이끌 새로운 엔진:** 아마존은 자사 쇼핑몰에 상품을 더 잘 보이게 해주는 '광고 사업'으로 막대한 돈을 벌고 있다. 또한, 수십 년간 쌓아온 데이터와 기술력을 바탕으로 인공지능 분야에 공격적으로 투자하며 쇼핑, 물류, 클라우드 사업을 한 단계 더 발전시킬 준비를 하고 있다.

투자 시 고려사항

아마존의 온라인 쇼핑 사업은 경쟁이 매우 치열하고, 물류센터 건설 등 끊임없이 막대한 돈을 투자해야 하는 분야다. 경기가 나빠져 사람들이 지갑을 닫으면 실적에 직접적인 영향을 받을 수 있다. 또한, 회사가 너무 거대해지면서 미국, 유럽 등 각국 정부로부터 '시장을 독점하고 있다'는 강력한 규제와 견제를 받고 있다는 점이 가장 큰 불확실성이다. 클라우드 시장에서도 마이크로소프트, 구글 등 강력한 경쟁자들이 빠르게 추격해오고 있다.

당신 눈에
가장 멋진 녀석을 사라

우리는 종목을 고를 때 여러 요인을 고려한다. 대장주(특정 업종이나 섹터에서 시장 흐름을 대표하는 주식)인가, 성장성은 어떤가, 미래의 확장 가능성은 충분한가. 이렇게 수많은 요소들을 종합해 각자 나름의 기준으로 종목을 선택한다. 신기한 건, 이러한 종목 선정 기준은 사람마다 거의 바뀌지 않는다는 점이다.

마치 옷 스타일과도 같다. 셔츠에 가디건을 걸치는 '댄디'한 사람은 갑자기 찢어진 청바지에 그물니트를 입지 않는다. 한편, 과감한 스트릿 스타일을 즐기는 이들에게는 폴로셔츠가 너무 심심하게 느껴질 것이다. 투자에서도 마찬가지다. 누구나 자기만의 '스타일'이 있고, 그건 쉽게 바뀌지 않는다. 그리고 바로 여기서 우리는 중요한 공통점을 발견하게 된다. 무엇을 선택하든, 결국은 자기 기준에 '멋진 녀석'을 골라야 한다는 것.

당신은 멋진 종목을 사야 한다. 하지만 그 '멋짐'은 남들이 좋다고 해서 따라 사는 것이 아니다. 가격이 저렴해서도, 유튜버가 추천해서도 아니다. 진짜 멋진 종목이란, 당신 눈에 진심으로 '멋져 보이는 기업'이다. 직접 공부하고, 제품을 경험하며, 비즈니스 모델을 이해한 끝에 "그래, 이 회사는 진짜다"라는 확신이 드는 순간, 그 기업이 바로 당신에게 멋진 종목이 된다.

그 확신은 아주 구체적이고, 감각적이며, 논리적이다. 예컨대, 당신이 그 회사의 서비스를 직접 써봤을 때 느껴지는 탁월한 사용자 경험, 고객을 생각한 철학, 또는 실적 뒤에 숨은 전략의 방향성이다. 당신은 그 기업의 인터뷰와 창업자의 연설, 핵심 임원의 커뮤니케이션 방식까지 곱씹으며, 단순한 돈벌이 이상의 무언가를 느끼게 된다.

추락하는 로켓에서 느껴진 압도적 미래

2023년 4월 20일, 나는 테슬라의 CEO, 일론 머스크가 이끄는 스페이스X의 로켓이 공중에서 폭발하는 장면을 생중계로 보며 오히려 가슴이 뛰었다. '자율주행 전기차'를 기반으로 상식을 파괴하며 자동차 산업을 뒤흔든 그가, 이번에는 우주를 향해 똑같은 방식으로 도전하고 있었다.

화성에 인류를 보내겠다는 허무맹랑해 보이는 꿈을 위해, 스페이스X는 실패를 데이터 삼아 보란 듯이 다음 단계로 나아갔다. 그

광기 어린 도전, 치밀한 실행력, 그리고 압도적인 기술력. 나는 실패조차도 계획의 일부인 것처럼 보이는 그 집요함에 매료되었다. 시장에선 로켓이 거대한 불덩이가 될 때마다 조롱과 비난이 쏟아졌다. 하지만 나는 그 속에서 인류의 미래를 개척하는 위대한 도전의 과정을 보았다.

그때부터였다. 나는 단순한 관중이 아니라, 이 꿈에 조금이라도 참여하고 있다는 감정을 느끼기 시작했다. 이러한 계기로 나는 테슬라에 투자를 시작했다. 인류의 생존 방식 자체를 바꾸려는 철학과 기술, 리더십을 깊이 파고들었고, 그 과정에서 비로소 나만의 투자 서사가 단단해졌다. 이건 단순한 수익률의 문제가 아니었다. 나는 이 종목 안에 나의 신념을 심었다. 그리고 그 신념은, 시장의 파도 속에서 내 손을 끝까지 놓지 않는 중심축이 되었다.

이렇게 신념에서 출발한 투자는 같은 종목을 사더라도 그 결이 근본부터 다르다. "야, 테슬라 사면 곧 오른대"라는 말에 끌려 들어간 투자와는 처음부터 다르게 출발한 것이다. 그러니 당신도 남의 시선, 시장의 소문, 유튜브의 외침에 휘둘리지 마라. 그건 다 '소음'이다. 당신이 직접 느낀 방향성과 기술, 철학이 있다면 그게 당신에게는 가장 '멋진' 종목이다. 그리고 그것이야말로 당신이 오래도록 보유할 수 있는 유일한 종목이 된다.

투자는 기업과의 동행이다

기억하라. 투자란 단기간의 치고 빠지는 이벤트가 아니라, 본질적으로 매우 긴 여정이다. 단기적인 등락에 일희일비하며 반응하는 사람은 결국 방향을 잃는다. 반면, 큰 수익을 가져가는 사람들은 늘 같은 자리에 있다. 자신이 선택한 기업과 함께 계절을 견디고, 사이클을 통과하며, 그 기업이 성장해 가는 과정을 묵묵히 지켜본다. 그런 이들은 단기 수익보다 '동행'에 가까운 자세로 시장을 대한다.

물론, 당신의 눈에 '멋져 보이는 기업'을 찾는 과정은 쉽지 않다. 단순히 브랜드가 유명하다고, 기술력이 뛰어나다고 판단할 수 있는 것이 아니다. 그 멋짐은 겉으로 보이는 것이나 단기 실적이 아니라, 당신이 직접 탐색하고 해석한 서사에서 비롯된다. 해당 기업이 사람들의 삶을 어떻게 바꾸고 있는지, 그 기업이 해결하고자 하는 문제는 무엇인지, 그리고 그것을 어떠한 방식으로 해결하고 있는지를 들여다보는 것.

이 과정 속에서 당신은 비로소 기업과 정서적으로 연결될 수 있다. 그리고 그 연결은 단기적인 수익률에 일희일비하지 않는 힘을 만들어준다. 시장에서 가격이 요동치고, 모두가 패닉에 빠질 때조차도 당신은 흔들리지 않을 수 있다. 그 기업의 비전과 가능성, 철학을 스스로 탐색한 경험이 있기 때문이다.

마치 누가 말린다고 해도 당신이 좋아하는 스타일의 옷을 쉽게 버리지 않는 것처럼, 당신이 고른 종목도 쉽게 흔들리지 않는다. 그러니 남이 골라준 옷이 아니라, 당신이 직접 선택한 '멋진 옷'을 입어라. 지금 이 순간에도 수많은 종목이 오르고 내리며 시장은 끝없는 소음을 만든다. 그러나 진짜 투자는 그 소음이 아니라, 당신이 직접 세운 확신을 따르는 데서 시작된다.

10. 테슬라(Tesla, TSLA)

"가장 먼 미래의 인류 문명을 설계하는 기업"

테슬라는 인류가 마주할 가장 큰 문제, 즉 '화석 연료를 쓰지 않는 시대로의 전환'과 '인공지능이 현실 세계에서 움직이도록 만드는 것'을 해결하기 위해 존재하는 기업이다. 현재 주력 상품인 전기차는 이 거대한 목표를 이루기 위한 첫 단계일 뿐이다.

> **투자 난이도** ★★★★☆
> **기대 상승률** ★★★★★
> **투자 매력도** ★★★★☆
> **이런 분께 추천해요** 인류의 내일에 투자하는 낭만 투자자

핵심 특징 및 투자 포인트

- **현실 세계를 이해하는 인공지능의 실현:** 전 세계 수백만 대의 테슬라 차량은 단순한 자동차가 아니라, 도로 위를 달리며 현실 세계의 정보를 모으는 로봇 군단이다. 이 막대한 정보는 완전 자율주행 기술을 넘어, 현실 세계를 이해하고 움직이는 만능 인공지능을 완성하기 위한 가장 강력한 재산이다.

- **로봇을 통한 노동의 종말:** 테슬라가 그리는 가장 먼 미래는 '옵티머스'라는 인간형 로봇을 통해 완성된다. 이 로봇은 인공지능, 배터리, 첨단 제조 기술을 모두 합쳐놓은 결과물로, 반복적이거나 위험한 인간의 노동을 대신하여 사람들이 일하는 효율을 엄청나게 높이는 것을 목표로 한다.

- **에너지 자급자족 사회의 실현:** 테슬라는 지붕에서 직접 태양광으로 에너지를 만들고, 그 에너지를 거대한 배터리에 저장했다가, 필요할 때 전기차 충전 등에 사용하는 완전한 에너지 시스템을 만들고 있다.

투자 시 고려사항

테슬라에 대한 투자는 회사의 현재 실적이 아닌, 10년, 20년 뒤의 세상을 상상하며 하는 것에 가깝다. 제시하는 목표들이 너무나 거대하기에 실현 가능성에 대한 의심이 항상 존재하며, 그 과정에서 수많은 기술적인 어려움이나 정부의 규제에 부딪힐 수 있다.

투자의 난이도를 낮춰라

처음 투자를 시작할 때, 대부분의 사람들이 저지르는 실수가 하나 있다. 투자의 난이도를 착각한다는 것. '힘듦hard'과 '어려움difficult'을 구분하지 못하면, 투자의 출발선에서부터 길을 잘못 잡게 된다.

여기서 말하는 'Hard'는 지루하고 반복적인 일이다. 특별한 창의성이나 번뜩이는 재능은 요구되지 않는다. 예를 들어, 매달 정해진 금액을 우량주나 지수 ETF에 자동이체로 투자하는 것. 매달 같은 행동을 반복하는 루틴이므로 기술적인 난이도는 거의 없다. 그러나 이 단순함 속에 함정이 있다. 인내심과 꾸준함이 없으면 절대 끝까지 갈 수 없다는 것. 시장이 흔들릴 때, 지루함이 몰려올 때, 이 단순한 행동을 이어가는 건 생각보다 훨씬 어렵다.

반면 'Difficult'는 얘기가 다르다. 여기엔 복잡한 기술과 심화된 지식이 필요하다. 쉽게 설명하면, 단기 시황을 예측하고 차트 패턴을 분석해 매수·매도 타이밍을 잡거나 파생상품을 활용해서 펼치는 등의 고난도 게임이다. 이 영역은 경험 많은 전문가조차도 자주 틀린다. 시장은 정보의 불균형과 심리의 변수로 가득 차 있고, 단기 예측은 확률적으로 불리한 싸움이기 때문이다.

문제는 초보자들이 이 두 가지를 혼동한다는 점이다. 반복적이고 단순하지만 오래 걸리는 Hard를 '지루해서 재미없는 일'이라고 치부하고, 오히려 복잡하고 불확실한 Difficult를 '빠른 수익을 낼 수 있는 기회'로 착각한다. 하지만 현실은 정반대다. 초보자가 Difficult에 손을 대면, 그건 마치 초보 운전자가 F1 레이싱에 참가하는 것과 같다. 결과가 좋을 리 없다.

지속되는 단순함은 흔들리지 않는 힘이다

초보자에게 맞는 방향은 분명하다. 쉽지만 오래 걸리고 지겨운 길. 그 길은 느리고, 답답하며, 눈에 띄는 변화가 없는 것처럼 보인다. 하지만 아이러니하게도, 바로 그 지루한 길이 실제로 성공 확률이 가장 높은 길이다. 10kg짜리 돌을 매일 같은 시간에 한 곳에 옮기는 일은, 특별한 재능이 없어도, 화려한 기술이 없어도 할 수 있다. 단지 꾸준히, 그리고 성실하게 반복하면 된다. 시간이 지나면 돌이 쌓이고, 결국 원하는 만큼의 양을 정확하게 옮기게 된다. 하지만 그 돌을 예술작품으로 조각하라고 하면 이야기가 달라진다. 이는 전혀 다른 게임이다. 숙련된 기술과 다년간의 경험, 그리고 타고난 감각까지 필요하다.

투자도 똑같다. 초보자라면 우선은 단순한 '돌 옮기기' 같은 쉬운 일을 선택해야 한다. 매달 정해진 금액을 시장에 넣고, 우량한 종목을 장기 보유하며, 시장의 파도에 흔들리지 않고 버티는 것. 겉으로 보기엔 재미없고, 때로는 무가치해 보이지만, 장기적으로는 이 방식이 훨씬 더 나은 결과를 만든다.

문제는, 많은 초보 투자자들이 정반대로 움직인다는 데 있다. 돌을 차분히 옮기는 대신, 한 번의 화려한 조각으로 사람들의 시선을 사로잡으려 한다. 누구나 할 수 있는 지수 투자나 우량주를 사는 단순하고 지루한 루틴은 무시한 채, 단타로 하루에 10%, 20% 수익을 노리는 자극적인 게임에 빠져버린다.

이런 사고방식은 사실 '투자'라기보다 단기적 스릴을 좇는 도박에 가깝다. 화면 속 주가 그래프가 초 단위로 요동치고, 손끝에서 매수·매도가 오가는 짜릿한 감각은 마치 카지노 슬롯머신을 돌리는 기분과 다르지 않다. 어쩌면 그것은 투자가 아니라, 단순히 한 판의 게임을 즐기기 위해 뛰어든 것일지도 모른다. 그렇다면 잃은 돈은 '수업료'가 아니다. 배움이 남지 않았으니 수업료가 될 수 없다.

그저 순간의 스릴을 위해 지불한 값비싼 '게임비'였을 뿐이다. 한바탕 놀았다면, 돈을 내는 건 당연한 일이다. 다만 문제는, 이 고위험 게임을 계속해서 반복하는 순간, 자본은 줄어들고 심리는 지치며, 결국 시장에서 퇴장당한다는 점이다. 진짜 투자자가 되려면, 확률이 우리 편인 게임판으로 이동해야 한다.

박수받는 영웅이 아니라 성실한 부자가 되어라

돈 버는 투자 방법은 생각보다 단순하다. 거창한 이론서나 복잡한 차트 분석보다, 당신 주변에서 실제로 경제적 성공을 이룬 사람들을 관찰하는 것이 훨씬 더 강력한 기준이 된다. 여기서 말하는 '부자'란 시간이 지날수록 자산을 안정적으로 불려온 사람들이다. 집을 한 채 더 가지고 있고, 매달 현금 흐름을 만들어주는 수익형 부동산을 보유하며, 어느 순간 자산이 자연스럽게 늘어나 있는 사람들. 그들은 대부분 화려한 전략 대신, 지루하다고 느껴질 만큼 단순하고 반복적인 방식을 택했다.

그들의 공통점은 '속도'보다 '지속성'에 있었다. 단기간에 큰 수익을 내기보다, 장기적으로 손실을 피하고 자본을 지키는 데 더 많은 에너지를 쏟았다. 이들은 주목받지 않는다. 그러나 수년이 지나면, 그 조용함이 가장 큰 차이를 만든다.

나는 누구나 그 이름을 아는 안정적인 분야에, 그저 꾸준함을 더하는 것만으로 100%가 넘는 수익률을 만들어냈다. 2022년 내가 선택한 종목은 'TIGER 미국필라델피아반도체나스닥'ETF였다. AI시대의 도래와 함께 반도체의 중요성을 모르는 사람은 없었다. 나는 특별한 정보나 남다른 분석 대신, '미래 기술의 심장은 반도체'라는 가장 단순하고 상식적인 명제를 믿었고, 그 믿음을 이 ETF를 꾸준히 사 모으는 것으로 실천했을 뿐이다.

물론 그 과정이 순탄했던 것만은 아니다. 2022년의 하락장에서는 모두가 반도체 산업의 겨울을 이야기했고, 계좌는 쓰라릴 정도로 파랗게 물들었다. 하지만 나는 그때도 원칙을 멈추지 않았다. 시장의 공포와 비관론에 귀를 닫고, 그저 정해진 날에 정해진 금액만큼 기계적으로 주식을 사들였다.

그리고 시간이 흘러 AI시대가 본격적으로 개화했을 때, 계좌에 찍힌 숫자는 100%를 훌쩍 넘는 수익률을 보였다. 이는 화려한 기법에서 나온 결과나 와우 포인트(Wow-Point, 극적인 순간)가 아니었다. 모두가 아는 위대한 산업을 믿고 묵묵히 시간을 더하는 것만으로도 놀라운 수익을 쌓을 수 있다는 가장 강력한 증거였다.

괜히 시장에서 주인공이 되려고 하지 마라. 우리는 전설이 되기 위해 투자하는 것이 아니다. 우리의 목표는 영웅이 되는 것도, 역사책에 이름이 남는 승자가 되는 것도 아니다. 우리는 그저 꾸준하게 수익을 챙기면 된다.

묵묵히 버티며 시장에 남아 있는 것, 그 자체가 가장 큰 전략이다. 화려하게 번쩍이는 순간은 남들에게 양보하더라도, 성실하게 살아남은 사람은 결국 자연스럽게 보답을 받는다. 시간이 쌓이면 수익도 따라온다. 그리고 그 보상은 단기적 스릴이나 한 번의 행운보다 훨씬 크고, 훨씬 오래 간다.

11. TIGER 미국필라델피아반도체나스닥(381180)

"4차 산업혁명의 핵심, 반도체 전체 밸류체인"
이 ETF는 미국의 필라델피아 반도체 지수(PHLX Semiconductor Index)를 따른다. 이 지수는 반도체 산업을 대표하는 주요 기업들로 이루어져 있다. 엔비디아·AMD 같은 설계 기업, 인텔·마이크론 같은 종합 반도체 기업, 그리고 ASML·램리서치 같은 장비 기업까지 고르게 포함된다. 따라서 이 ETF에 투자한다는 것은 반도체 산업의 설계부터 제조, 장비까지 전 과정을 한 번에 담는 것과 같다.

> **투자 난이도** ★★☆☆☆
> **기대 상승률** ★★★☆☆
> **투자 매력도** ★★★☆☆
> **이런 분께 추천해요** 반도체의 미래를 확신하는 장기투자자

핵심 특징 및 투자 포인트

- **미래 산업의 핵심 기반:** AI, 전기차, 데이터센터, 양자컴퓨터 등 오늘날의 첨단 기술은 모두 반도체 위에서 작동한다. 이 ETF에 투자한다는 것은 단순한 산업 하나가 아니라, 미래 기술 발전을 떠받치는 기본 재료에 투자하는 것과 같다.

- **미국 반도체 산업에 집중 투자:** 이 ETF는 미국 증시에 상장된 대표 반도체 기업들로 구성되어, 글로벌 공급망의 핵심을 쥔 미국 반도체 생태계에 직접 투자하는 효과를 낸다.

- **장기 성장을 위한 전략적 선택:** 반도체 산업은 기술 혁신 속도가 빠르고 세계 수요가 꾸준히 늘어나지만, 개별 기업은 경쟁에서 도태될 위험이 크다. ETF에 투자하면 특정 기업의 성패에 의존하지 않고, 산업 전체의 성장 과실을 안정적으로 나눠 가질 수 있다.

투자 시 고려사항

반도체 산업은 기술 혁신이 매우 빠르고 성장 잠재력이 큰 만큼, 경기에 민감하게 반응하는 순환적 특성을 보인다. 업황이 좋을 때는 폭발적인 주가 상승을 보이지만, 불황기에는 깊은 조정을 겪기도 한다. 이러한 산업적 특성을 이해하고 장기적인 관점에서 접근하는 것이 중요하다.

시나리오 안에 두려움을 가둬라

투자는 무섭다. 너무 당연한 일이다. 당신이 피땀 흘려 번 돈이, 단 한 번의 클릭으로 사라질 수 있는 행위이기 때문이다. 우리는 시간이라는 자산을 팔아 그 대가로 돈을 얻는다. 그렇게 모인 돈이 계좌에 쌓인다. 그 돈이 줄어든다는 건, 내 삶의 일부가 사라지는 것처럼 느껴진다. 그러니 공포를 느끼는 건 지극히 정상적인 일이다. 하지만 기억하자. 이 두려움은 본능이라는 걸.

우리는 수천 년 동안 위험을 피하면서 살아남은 인간들의 후손이다. 두려움이 없던 이들은 낭떠러지에 떨어지거나 맹수에게 잡아먹혀 생을 마쳤고, 두려움을 통해 리스크를 회피한 이들만이 생존할 수 있었다. 그 본능이 지금도 우리 안에 그대로 남아 있다. 문제는 이 본능이 현대의 투자 세계에서는 오히려 독이 된다는 것이다.

시장이 흔들릴 때, 우리는 냉정해야 하지만 본능은 소리친다. "팔아! 당장 빠져나와! 더 떨어질 거야!" 그 소리에 반응하면, 우리는 바닥에서 팔고 고점에서 사는 '정반대의 투자'를 반복하게 된다. 그렇다고 감정을 없앨 수는 없다. 대신, 그 감정을 관리할 수 있다. 감정을 관리하는 가장 강력한 방법은 나만의 미래 시나리오를 그려놓는 것이다. 이 시나리오는 단순한 희망이 아니다. 논리와 구조가 담긴, '확정적 미래'에 대한 가정이다. 이러한 전략은 단순히 가격이 오를지 내릴지를 그려보는 차원을 넘어선다. 앞으로 닥칠 수 있는 위기의 국면과 그때 마주할 나의 감정, 그 감정에 휩쓸리지 않기 위해 세워둔 대응 원칙, 그리고 실제로 내가 취할 구체적인 행동까지 포함한다. 즉, 시나리오는 미래를 추측하는 그림이 아니라, 위기 속에서도 흔들리지 않도록 나 자신을 이끄는 설계도다.

시나리오를 그린 투자자는 겁낼 게 없다

2025년 현재, 내 포트폴리오에서 가장 높은 확신과 정교한 시나리오를 담고 있는 종목을 하나만 꼽으라면, 비트코인 채굴 및 AI 데이터 센터 기업 아이렌IREN이다. 내가 아이렌을 선택한 이유는 분명하다. 동종 업계 대비 뛰어난 채굴 효율성, AI 시대에 확장 가능한 데이터센터 인프라, 그리고 장기적 비전을 중시하는 경영진의 가치관 때문이다.

내 시나리오 속에서 아이렌의 미래는 이렇다. 비트코인 반감기 이후, 비효율적인 경쟁자들이 정리된 시장에서 아이렌의 채굴 점유율은 더욱 높아진다. 다음 비트코인 상승 사이클이 도래하면, 아이렌의 주가는 비트코인 상승률을 아득히 뛰어넘을 것이다. 여기에 AI 데이터 센터 사업의 가치가 시장에 본격적으로 반영되기 시작하면, 주식은 단순한 채굴주가 아닌 AI 인프라 기업으로 재평가되며 한 단계 더 도약할 것이다.

하지만 내 시나리오에는 반드시 거쳐야 할 '위기의 순간' 또한 명확히 포함되어 있다. 그것은 이번 상승장이 정점에 다다른 후, 비트코인이 30~40% 이상 급격한 조정을 맞는 시점이다. 그때가 되면 시장은 '채굴주는 끝났다'며 공포에 휩싸일 것이고, 아이렌의 주가는 당연히 반 토막 이상 하락할 것이다. 나는 이 순간이 올 것을 이미 알고 있다. 따라서 나는 불안해하는 대신, 오히려 이것을 '시나리오의 일부가 정상적으로 작동하고 있다'는 신호로 받아들일 것이다.

이처럼 감정의 흐름까지 미리 계산해두었기에, 나는 남들이 공포에 질려 주식을 팔아치울 때, 오히려 내 시나리오의 가장 중요한 '추가 매수' 기회로 삼을 수 있다. 투자는 두려움을 없애는 것이 아니라, 두려움이 언제 찾아올지를 미리 알고 그것을 역이용하는 설계의 영역이다.

미래를 선명하게 그릴수록 수익은 커진다

이처럼 '내가 왜 이 종목을 매수했고, 앞으로 어떤 흐름이 전개될 것인지' 구체적으로 설정해두면 시장의 단기 변동에 쉽게 휘둘리지 않는다. 하락장이 와도 불안해하지 않는다. 시나리오 안에 이미 포함된 변수이기 때문이다. 이건 마치 미리 대본을 알고 있는 연극을 보는 것과 같다. 슬픈 장면이 와도, 다음 장면이 어떻게 이어질지 알고 있으면 불필요하게 몰입하지 않게 된다. 이런 사고는 투자자에게 감정이 아닌 설계 기반의 판단을 하게 해 준다.

진짜 투자자는 단순히 두려움을 이겨내는 데서 멈추지 않는다. 두려움을 미리 예측하고, 그 감정의 흐름조차도 하나의 변수로 포함시켜 투자 전략을 짠다. '사람들이 언제쯤 공포에 빠질지', '어떤 뉴스에 시장이 패닉을 일으킬지', '그때 나는 어떤 태도를 취해야 할지'를 미리 상상하고 시뮬레이션한다. 감정을 억누르는 것이 아니라, 감정의 움직임을 읽고 선제적으로 대응하는 것이다.

이런 사람에게 투자는 단순한 숫자 놀음이 아니다. 투자는 인간 심리와 시장 사이의 밀고 당김, 반복되는 사이클 속에서 가장 이성적으로 서 있을 수 있는 자리를 찾는 일이 된다. 이들은 감정을 제거한 투자자가 아니라, 감정의 흐름까지 계산한 투자자인 것이다.

이 차이는 결정적이다. 미래가 그려진 투자자는 감정에서 자유롭다. 이미 그 감정이 올 것을 알고 있고, 그 상황에서 자신이 어떻게 행동할지도 계획해두었기 때문이다. 반면 미래가 보이지 않는 투자자는 늘 감정에 휘둘린다. 시장의 등락에 따라 공포와 탐욕을 오가며, 본능의 무게에 짓눌려 일관성을 잃는다. '미래가 그려진 투자'는 시간을 무기로 감정을 다스리고, '현재에 갇힌 투자'는 순간의 감정만 쫓아가다 길을 잃는다.

결국 두려움을 통제하는 힘은 미래를 얼마나 선명하게 그릴 수 있느냐에 달려 있다. 시장이 흔들릴 때마다 무섭지 않은 사람은 없다. 하지만 그 차이는 두려움의 유무가 아니라, 그 두려움을 어떻게 해석하느냐에서 갈린다. 어떤 이는 공포 속에서 모든 것을 잃을까 주저앉고, 또 다른 이는 그 공포를 신호로 읽으며 한 걸음 더 나아간다.

투자에서 중요한 건 두려움을 없애는 것이 아니다. 두려움을 인식하고도 여전히 행동할 수 있는 힘, 그것이 바로 투자자의 진짜 자산이다. 그리고 그 힘은 결국 자신이 믿는 미래의 그림에서 비롯된다. 미래를 선명히 그릴 수 있다면, 현재의 흔들림은 두려움이 아니라 기회로 보이게 된다.

12. 아이렌(Iris Energy, IREN)

"비트코인과 AI, 두 개의 심장을 가진 디지털 에너지 기업"

아이리스 에너지는 비트코인을 채굴하는 기업이다. 하지만 단순히 코인을 캐는 회사가 아니라, 친환경 에너지를 사용해 가장 저렴하고 효율적으로 디지털 자산을 생산하는 '에너지 기업'에 가깝다. 특히 비트코인 채굴을 위해 직접 소유하고 운영하는 최첨단 데이터 센터는, 미래 AI 시대에 더 큰 가치를 발휘할 수 있는 이 회사의 숨겨진 핵심 자산이다.

> **투자 난이도** ★★★☆☆
> **기대 상승률** ★★★★★
> **투자 매력도** ★★★★☆
> **이런 분께 추천해요** 비트코인 상승과 AI 혁명의 수혜를 동시에 노리는 투자자

핵심 특징 및 투자 포인트

- **가장 효율적인 비트코인 채굴 사업:** 아이렌은 100% 친환경 에너지를 사용하여 업계 최저 수준의 전력비용을 자랑한다. 이는 비트코인 채굴 사업의 성패를 가르는 가장 중요한 경쟁력이다. 비트코인 가격이 상승할 때, 낮은 생산 비용 덕분에 이익이 폭발적으로 증가하며 주가는 비트코인보다 훨씬 더 높은 탄력성을 보이는 경향이 있다.

- **AI 시대의 핵심 인프라 확보:** AI 확산으로 전 세계는 전력과 데이터센터 부족에 직면해 있다. 아이렌은 이미 저렴한 전력과 첨단 인프라를 갖춘 대규모 데이터센터를 운영하고 있으며, 이는 곧바로 'AI 전용 공장'으로 전환 가능하다. 단순한 채굴 설비가 아니라, 미래에 가장 가치 있는 인프라 자산을 선점한 점은 높은 미래가치를 내포한다.

- **반감기 이후의 생존자, 그리고 승자:** 2024년 비트코인 반감기는 채굴 보상을 절반으로 줄여, 비효율적인 채굴 기업들을 시장에서 퇴출시켰다. 낮은 비용 구조로 무장한 아이렌은 이 '치킨 게임'의 명백한 생존자다. 경쟁자들이 사라진 시장에서 더 많은 점유율을 차지하며, 다가올 상승 사이클에서 과거보다 훨씬 더 큰 수익을 거둘 수 있는 구조를 완성했다.

투자 시 고려사항

아이렌의 주가는 여전히 비트코인 가격에 가장 직접적인 영향을 받는다는 것이 가장 큰 리스크다. 비트코인이 장기 하락장에 진입하면, 회사의 AI 비전과 상관없이 주가는 큰 폭으로 하락할 수밖에 없다. 또한, 비트코인 채굴과 AI 데이터 센터 사업 모두 극심한 경쟁이 벌어지는 분야이며, 시설 확장과 최신 장비 구입을 위해 지속적인 대규모 투자가 필요하다는 점도 부담 요인이다.

악재는 WWE일 뿐이다

투자를 처음 시작했을 때, 나는 한 가지 의문을 품었다.

"기업의 본질은 그대로인데, 왜 주가는 뉴스 하나에 이토록 흔들릴까?"

시간이 흐르고 경험이 쌓이며 나는 한 가지 중요한 사실을 깨달았다. 대부분의 경우, 주가 하락의 이유는 그저 '지금까지 주가가 많이 올라, 떨어질 시기가 되었기 때문'이다. 하지만 사람들은 이유 없는 하락을 받아들이기 힘들어한다. 그러다 보니 언론은 '악재'를 끼워 맞춰 설명하고, 시장은 그것을 믿고 더욱 요동친다.

악재는 종종 '사후적 해석'에 불과하다. 실제로 그 사건이 주가 하락을 유발했다기보다는, 하락한 주가에 논리를 덧붙이는 것이다. 예를 들어보자. 어떤 기업의 실적은 여전히 건재하고, 시장 점유율도 유지되고 있음에도 불구하고 주가가 급락하는 경우가 있다. 그리고 다음 날 아침, 언론은 다음과 같은 제목을 뽑는다.

"○○사, 글로벌 경쟁 심화 우려에 주가 급락"

하지만 그 '경쟁 심화'는 이미 몇 달 전부터 알려진 사실이며, 실질적인 변화는 없었다. 주가 하락은 단지 주가가 오르는 과정에서, 잠시 열기를 식히고 쉬어가기 위함일 가능성이 더 높다. 이처럼, 뉴스는 움직인 주가에 이유를 '부여'할 뿐, 실제 원인이 아닐 수도 있다. 그렇기에 우리는 이러한 '만들어진 악재'를 두려워하지 말고, 오히려 적극적으로 활용해야 한다. 좋은 기업의 주가가 하락하면, 그것은 매수의 기회다. 하지만 문제는 대부분의 사람들이 이 단순한 원칙을 행동으로 옮기지 못한다는 것이다. 그 이유는 바로 뉴스가 만들어내는 '공포의 서사' 때문이다.

뉴스는 본질적으로 자극적이다. 자극은 클릭을 유발하고, 클릭은 수익을 만든다. 그래서 언론은 실제보다 더 위협적으로, 더 파국적으로 사건을 묘사한다. 대부분의 투자자들은 뉴스를 보며 심리적 동요를 겪게 된다. 머리는 "이건 그냥 일시적인 조정일 수 있어"라고 말하지만, 손은 이미 매도 버튼 근처를 맴돌고 있다. 특히 우리 같은 개미 투자자들은 그 불안 앞에서 안절부절못한다. 어제까지만 해도 '이 기업은 장기적으로 갈 수 있어'라고 확신했던 마음이, 단한 줄의 뉴스에 무너진다.

"이거 진짜 위기인가?"

"혹시 내가 뭔가 놓친 게 있나?"

"지금이라도 팔고 나와야 하나?"

WWE 프로듀서의 마인드를 장착하라

이때 필요한 것은 시선의 전환이다. 나는 이러한 악재들을 볼 때마다 WWE 프로레슬링을 떠올린다. 어릴 적 방과 후 TV를 켜면 존 시나가 링 위를 전력 질주하며 등장하곤 했다. 상대 선수에게 호쾌하게 기술을 걸고, 관중의 함성 속에서 팔을 번쩍 들던 그 모습. 가끔은 예상치 못한 패배를 당하기도 하고, 동료에게 배신당하기도 했지만, 다음 주면 언제 그랬냐는 듯 다시 복수극이 펼쳐졌다.

그때는 그 모든 싸움이 진짜인 줄 알았다. 정말로 다친 건 아닐까, 진심으로 화난 건 아닐까, 걱정도 했다. 하지만 시간이 흐르며 알게 됐다. 그 안의 갈등과 충돌, 반전과 눈물은 모두 '쇼'였다는 것을. 각본대로 흘러가는 이야기였고, 그 안에는 다음 주 챔피언이 되기 위한 복선이 숨어 있었다. 그래서 이젠 경기에서 누가 맞든 쓰러지든 걱정하지 않는다. 오히려 이렇게 생각한다.

"아, 이건 다음 스토리를 위한 장면이구나."

"이 시점에서 이렇게 밀린다는 건, 곧 반격이 오겠네."

악재도 마찬가지다. WWE처럼, 우리는 악재를 감정적으로 받아들이는 것이 아니라 '이것은 어떤 시나리오의 일환일까?', '지금의 하락은 더 큰 상승을 위한 무대인가?'라는 시선으로 바라봐야 한다.

물론 모든 악재가 무의미하다는 뜻은 아니다. 기업의 실질 가치가 훼손되는 구조적 리스크는 반드시 예외다. 하지만 대부분의 단기 악재는 가격이 하락한 이유를 정당화하기 위해 '설명'된 것일 뿐, 실제로는 기회를 제공하는 힌트일 수도 있다.

악재를 기회로 만드는 매수 타이밍

2025년 초, 나는 인위적으로 부풀려진 악재를 매수의 기회로 삼았다. 나는 양자컴퓨팅 분야를 공부하며, 해당 산업의 미래를 믿었고, 상장사 중 유일하게 순수 양자컴퓨터 개발에 집중하며 시장의 선두 자리를 지키고 있는 아이온큐IonQ가 주인공이 될 것이라고 판단했다.

하지만 문제는 가격이었다. 2024년부터 이어진 상승장 속에서 아이온큐 주가는 연일 신고가를 경신하고 있었고, 내가 보기엔 이미 너무 올라버려서 선뜻 매수하기에는 부담스러운 자리였다. '좋은 건 알겠는데, 지금 들어가기엔 너무 비싸다'는 생각에 애만 태우고 있었다. 기회는 예상치 못한 곳에서 찾아왔다.

AI 혁명의 상징과도 같은 엔비디아의 CEO, 젠슨 황이 "양자컴퓨터는 실제 활용까지 수십 년이 걸릴 것"이라는 비관적인 전망을 내놓자 시장은 즉각적으로 반응했고, 아이온큐 주가는 불과 한 달 만에 40% 이상 급락했다. 여기에 기름을 부은 것은 언론이었다. "AI 황제의 경고, 양자컴퓨팅 거품 붕괴하나?", "젠슨 황 발언 한마디에 관련주 동반 급락" 과 같은 자극적인 헤드라인을 쏟아내며 공포를 조장했다. 커뮤니티의 분위기는 순식간에 얼어붙었다.

하지만 내게는 그저 '소음'으로 들릴 뿐이었다. 아이온큐라는 기업의 펀더멘털은 조금도 훼손되지 않았다. 기술 로드맵, 비전 모두 굳건했다. 나는 젠슨 황의 발언이 기술의 미래 가치를 결정하는 '신호'가 아니라, 단기적인 투자 심리를 흔드는 '소음'에 불과하다고 판단했다. 오히려 그 소음 덕분에 모두가 공포에 빠진 지금이야말로 진짜와 가짜를 구분할 수 있는 최적의 시점이었다.

나는 그때를 놓치지 않았다. 몇 달간 나를 망설이게 했던 가격의 장벽이, 시장의 공포와 언론의 자극적인 보도 덕분에 무너져 내린 것이다. 나는 이 급락이 절호의 매수 기회라고 판단했고, 계획했던 대로 투자를 시작했다. 그 결과, 시장의 공포가 잦아들고 회사의 가치가 다시 주목받기 시작하면서 나의 계좌에는 500%가 넘는 수익률이 찍혀 있다.

결국 중요한 것은 본질을 꿰뚫는 눈이다. 기업의 펀더멘털이 여전히 견고한가? 미래 성장 스토리가 살아있는가? 그렇다면, 시장이 일시적인 공포에 빠져 있을 때야말로 진정한 장기투자자의 매수 타이밍이다.

기억하라. 시장은 늘 스토리를 만들어낸다. 우리는 그 이야기의 노이즈에 흔들리는 사람이 될 것인가, 아니면 그 흐름을 읽고 조용히 매수하는 사람이 될 것인가. 당신이 이 책을 끝까지 읽은 투자자라면, 이제는 WWE의 프로듀서의 시선으로 시장을 바라봐야 할 때다.

두려움을 이해하고 내 편으로 만들어라

물론, 나도 무섭다. 주식이 크게 떨어지는 날이면 나도 휴대폰을 자꾸 들여다보고, 왠지 모르게 마음이 불편해지고, 하루 종일 기분이 가라앉는다. 이성은 "지금은 기회야"라고 말하지만, 감정은 "혹시 이대로 무너지는 건 아닐까?"라고 속삭인다. 하지만 그런 순간마다 나는 스스로에게 되묻는다.

"이 기업의 본질은 바뀌었는가?"

"처음 이 회사를 좋다고 생각했던 이유는 여전히 유효한가?"

그리고 그 질문에 '예'라고 답할 수 있다면, 나는 다시 마음을 고쳐먹는다. 이 마인드 하나만으로도, 나는 시장의 소음 속에서도 비교적 편안하게 장기투자를 이어갈 수 있다.

공포는 결코 완전히 사라지지 않는다. 중요한 건 그것을 없애는 게 아니라, 이해하고, 구조화하고, 내 편으로 만드는 것이다. 공포를 억누르려 애쓰기보다, 그것이 어디서 왔는지 바라보고, 어떤 흐름에서 등장했는지 해석하며, 그 감정을 하나의 '시그널'로 활용할 수 있을 때 우리는 비로소 진짜 투자자로 거듭난다. 진짜 투자자는 두렵지 않은 사람이 아니다. 두려움을 받아들이되, 흔들리지 않는 원칙과 시야로 그 두려움을 이긴 사람이다.

13. 아이온큐(IonQ. IONQ)

"미래 산업을 열어갈 양자컴퓨터 개발의 선두 주자"
아이온큐(IonQ)는 신약 개발, 금융 모델링 등 기존 컴퓨터로는 불가능했던 인류의 난제 해결을 목표로 하는 양자컴퓨팅 기업이다. 대부분의 경쟁사들이 인공 회로의 한계와 싸울 때, 아이온큐는 자연의 가장 완벽한 단위인 '원자' 자체에 집중했다. 이들은 레이저로 개별 원자를 붙잡아두는 기술을 구현해 압도적인 품질 경쟁력을 갖추고 있다.

투자 난이도 ★★★★☆
기대 상승률 ★★★★★
투자 매력도 ★★★☆☆
이런 분께 추천해요 **다가올 양자 시대에 선제적으로 참여할 용기 있는 투자자**

핵심 특징 및 투자 포인트

- **세상에서 가장 완벽한 계산기:** 아이온큐의 강점은 바로 정확도다. 대부분의 양자컴퓨터는 작은 진동이나 열에도 쉽게 오류가 발생하지만, 아이온큐는 원자를 직접 제어하는 방식 덕분에 계산 오류가 근본적으로 적다. 이는 복잡한 문제 속에서도 올바른 해답을 도출할 수 있는, 양자컴퓨터에게 가장 중요한 능력이다

- **기계를 파는 대신 '사용 시간'을 파는 전략:** 아이온큐는 수백억 원짜리 장비를 직접 판매하지 않는다. 대신 인터넷을 통해 누구나 그 기계를 빌려 쓸 수 있도록 한다. 이 방식은 소수 연구소에만 기계를 공급하는 전통적인 모델보다 훨씬 효율적이다. 전 세계 기업과 개발자를 고객으로 만들 수 있고, 한번 아이온큐 시스템에 익숙해진 사용자는 쉽게 다른 플랫폼으로 옮기지 않는다. 결국 이는 미래 양자컴퓨터 시장의 표준을 선점하기 위한 전략적 포석이다.

- **'양자컴퓨터'의 상징:** 아이온큐는 상장사 가운데 순수하게 양자컴퓨터 사업에만 집중하는 거의 유일한 기업이다. 이는 투자자에게 매우 명확한 선택지를 제공한다. 양자컴퓨팅 혁명이 현실화될 경우, 그 성과를 가장 직접적이고 폭발적으로 누릴 수 있는 회사가 아이온큐다.

투자 시 고려사항

아이온큐는 아직 상용화 단계에 도달하지 못한 양자컴퓨터 기술에 **100%** 집중하고 있다. 따라서 연구실에서 입증된 아이디어를 실제로 시장에서 쓰이는 제품으로 바꾸는 과정에서 예상치 못한 기술적 난관에 부딪힐 수 있다. 또한 매출 규모에 비해 연구·개발 비용이 지속적으로 크다는 점도 부담이다. 결국 아이온큐에 투자한다는 것은, 기술적 돌파구와 상용화 속도가 시장 기대에 부합할 것이라는 장기적 확신에 베팅하는 일이다.

하락을 정통으로 맞아라

이상적인 장기투자는 어떤 모습일까? 누구나 한 번쯤은 이렇게 상상해 봤을 것이다. 고점에서 현명하게 매도하고, 단기저점에서 재매수해 보유수를 늘리는 투자. 그래프 위에 선을 그어보며 "여기서 팔고, 여기서 사면…" 하는 그림은 참으로 완벽해 보인다. 수익은 기하급수적으로 불어나고, 계좌는 언제나 플러스일 것만 같다.

예를 들어보자. 코로나19 팬데믹으로 인한 유동성 장세는 메타META의 주가를 2021년 300달러대까지 끌어올렸다. 그러나 핵심 사업인 메타버스가 거품이라는 시장의 평가를 받으면서, 주가는 2022년 말 90달러 아래까지 급락했다. 이후 AI 관련 신사업이 시장의 재평가를 받으며 극적인 반등에 성공했고, 2025년에는 790달러를 돌파하며 새로운 신고가를 기록했다. 이 거대한 하락과 상승의 과정에는 실적 발표와 시장 우려가 반복적으로 얽히며 여러 차례 단기 고점과 조정이 발생했다. 만약 어떤 투자자가 놀라운 통찰력과 순발력으로 이 주가 변동을 정확히 읽어냈다면, 즉 단기 고점에서 매도하고, 단기 저점에서 다시 매수하는 것을 반복할 수 있었다면, 그 수익률은 30~50배에 이를 수도 있었다.

하지만 이런 그림은 어디까지나 '이상적인' 이야기다. 현실은 훨씬 더 복잡하고 예측 불가능하다. 시장은 매일 새로운 변수를 쏟아내고, 그 영향은 단기적으로 종잡을 수 없는 방향으로 흘러간다. 그래서 이론 속에서 완벽하게 보이던 '저점 매수, 고점 매도'의 리듬은 실제로는 불가능에 가깝다.

전설적인 펀드매니저 피터 린치도 이렇게 말했다. "조정을 예상하다가 잃은 돈이, 조정 그 자체로 잃은 돈보다 훨씬 많다." 이 말은 단순히 조언이 아니라, 수십 년간 시장을 지켜본 경험의 결론이다. 결국 고점과 저점을 맞추려다 보면, 시장에 오래 머물 기회 자체를 잃게 된다는 뜻이다.

조정을 피하려는 순간, 당신은 매 순간 심리전의 한가운데로 뛰어들게 된다. 한 번 팔고 나면, 가격이 오를 때마다 '다시 들어가야 하나?' 하는 불안감이 커진다. 시장은 결코 한 번에 명확한 신호를 주지 않고, 매번 혼란을 준다. 그리고 여기서 딱 한 번만 타이밍을 놓쳐도, 계획은 무너지고 계좌는 삐걱거린다. 그래서 나는 매도 시점을 오직 한 번, 내가 정한 장기적 출구 시점에만 둔다. 그 전까지는 아무리 시장이 흔들려도, 가격이 출렁여도, 매도 버튼에 손을 대지 않는다.

출구 시점을 정했다면 묵묵히 걸어가라

이 책을 집필하고 있는 현재(2025년 8월), 나는 비트코인, 이더리움, 테슬라, 아이온큐, 아이렌, 코인베이스를 높은 비중으로 보유하고 있다. 매수 이후 일부 포트폴리오 조정만 있었을 뿐 단 한 번도 팔지 않았다. 이 종목들을 사들이며 정한 출구 시점에 아직 도달하지 않았기 때문이다. 그렇다보니 단기 변동에 흔들려 '사팔사팔(사고 팔고, 사고팔고)'을 한 적이 없다.

그 사이 시장은 거칠게 흔들렸다. 테슬라는 40% 조정을 맞았고, 아이온큐는 하루 만에 10% 무너졌다. 비트코인과 이더리움 역시 30% 가까이 출렁였다. 계좌가 파랗게 물들고, 하루아침에 수익이 수억 원씩 사라지는 순간도 있었다. 하지만 그 모든 순간에도 나는 매도 버튼을 누르지 않았다. 출구 시점 전에는 잦은 매매를 하지 않는다는 원칙이 있었고, 괜한 매매는 결국 내 수익만 깎아먹는다는 사실을 알고 있었기 때문이다. 눈앞의 불안을 줄이는 대신, 나는 장기적 보상을 지키는 길을 택했다.

그 고통의 시간을 통과한 지금, 이 종목들은 모두 200% 이상의 수익률을 기록하고 있다. 이 결과는 우연이 아니다. 시장을 이긴 것이 아니라, 원칙을 지킨 대가다. 단기 유혹에 흔들리지 않고 스스로 정한 출구 시점을 끝까지 붙드는 것, 그것이 진짜 장기투자의 힘이다.

저점매수, 고점매도의 환상에서 벗어나라

하락은 분명 고통스럽다. 하루에도 몇 번씩 마이너스가 찍힌 계좌를 바라보고, 수익이 조금씩 깎여 나가는 모습을 보면 마음이 무너진다. 하지만 그 순간의 불안감에 휩쓸려 매도하는 것은, 앞으로 다가올 가장 큰 보상을 스스로 잘라내는 것과 같다. 주식이 두 배, 세 배로 오를 때, 그 모든 상승을 온전히 내 것으로 만들 수 없게 되는 것이다.

더욱이 다시 시장에 다시 진입하는 일은 생각보다 훨씬 어렵다. 매도한 뒤 올라버린 종목을 다시 사는 것은 심리적으로 두 배의 용기를 요구한다. 손실이 아니라 '놓친 수익'이 마음을 더 옥죄기 때문이다. 그래서 "다시 떨어지면 사자"는 말은 현실 속에서 거의 "다신 못 산다"와 같은 의미가 된다. 결국 그 기업의 주주가 아니라, 멀리서 바라보는 방관자가 되어버리고 만다.

이러한 불상사를 막기 위해 나는 매도하지 않고, 견디며, 내가 정한 시점까지 묵묵히 보유한다. 수익을 얻는 방법은 의외로 단순하다. 정기적으로 매수하고, 오랫동안 매도하지 않으면 시장이 보상을 준다. 이 단순함을 얼마나 잘 지키느냐에 따라 몇 십 배의 수익이 달라진다. 결국 투자는 '지금 사서 언제 팔까'의 게임이 아니다. '지금 사서 얼마나 오래 들고 갈 수 있을까'의 싸움이다.

하락은 피할 수 없는 과정이며, 오히려 내 투자 태도를 되돌아보고 전략을 점검하게 만드는 귀중한 계기가 된다. 그리고 시장이 다시 반등할 때, 그 자리에 남아 있는 사람만이 진짜 수익을 거둔다.

결국 하락을 견디는 힘은 인내심 같은 막연한 단어가 아니라, 내가 투자한 기업의 미래를 믿는 확신에서 나온다. 하락이 끝나고 시장이 반등할 때, 그 자리를 지키고 서 있는 사람만이 결국 모든 과실을 가져간다. 그리고 그 단순한 사실을 믿고 행동하는 것만이 평범한 투자를 위대한 성공으로 이끄는 전부다.

14. 메타(META)

"SNS를 지배하는 광고 제국, AI로 다시 태어나다"
메타는 페이스북과 인스타그램을 통해 전 세계 인구의 절반 이상을 연결하는 독점적인 소셜 네트워크 기업이다. 정교한 디지털 광고 시스템을 통해 막대한 수익을 벌어들이고 있으며, 이 자금력을 바탕으로 현재는 인공지능에 전략적 무게를 싣고 있다. 자체 개발한 라마(LLaMA) AI 모델을 중심으로, 광고 효율을 높이고 사용자 경험을 재설계하며 차세대 인터넷 플랫폼으로의 도약을 준비하고 있다.

투자 난이도 ★★★☆☆
기대 상승률 ★★★☆☆
투자 매력도 ★★★☆☆
이런 분께 추천해요 글로벌 플랫폼 지배력과 AI 성장성에 동시에 투자하고 싶은 장기 투자자

핵심 특징 및 투자 포인트

- **흔들리지 않는 광고 제국:** 메타의 본질은 페이스북, 인스타그램, 와츠앱에서 나온다. 이 플랫폼들은 이미 전 세계 수십억 명을 연결하고 있고, 사용자는 쉽게 이탈하지 않는다. 이 독점적 지위를 기반으로 한 광고 사업은 경기 변동에도 흔들리지 않는다. 메타의 광고 시스템은 매 분기마다 안정적으로 수익을 창출한다.

- **AI로 강화되는 성장 엔진:** 메타는 광고 기업을 넘어 AI 기업으로 재편되고 있다. 자체 언어모델 라마와 막대한 데이터센터 투자, 그리고 AI 기반 타겟팅 기술은 광고 효율을 한층 더 끌어올린다. 기존 현금 창출 사업이 AI와 결합하며, 메타는 방어와 성장을 동시에 실행하는 기업이 되었다.

- **압도적인 실행력과 자본력:** 메타는 매년 수십조 원 규모의 연구개발비와 자본적 지출을 투자한다. AI 인프라, 데이터센터, 차세대 디바이스까지 동시에 밀어붙일 수 있는 자본력은 경쟁자들과 비교해도 압도적이다. 새로운 전략을 세우는 데 그치지 않고, 실제로 시장을 움직이는 실행력은 메타의 가장 큰 무기다. 자본이 뒷받침된 실행은 단순한 가능성을 현실로 바꾼다.

투자 시 고려사항

메타의 가장 큰 리스크는 각국 정부의 '반독점 규제' 압박이다. 회사의 영향력이 커질수록 기업 분할, 광고 사업 규제 등 예측 불가능한 법적 리스크가 항상 존재한다. 또한 틱톡과 같은 새로운 플랫폼과의 사용자 시간 점유율 경쟁은 여전히 치열하며, 메타버스에 대한 막대한 투자가 아무런 성과 없이 비용으로만 남을 가능성 역시 무시할 수 없는 부담 요인이다.

주변인은 가장 강력한 지표다

시장은 매우 정직하다. 공부하지 않은 사람에게는 단 한 조각의 수익도 허락하지 않는다. 시장은 절대로 '운'으로 수익을 주지 않는다. 이 세계에는 로또 같은 우연도, 우연을 가장한 기적도 없다. 그 말을 들은 많은 사람들은 이렇게 반응한다.

"그럼 결국, 전문가처럼 공부해야 살아남는 거구나."

"차트도 분석하고, 경제지표도 해석하고, 투자서를 줄줄 꿰는 수준이 되어야겠네."

하지만 이러한 전제는 틀렸다. 시장에서 이기기 위해 꼭 전문가의 지식을 따라잡을 필요는 없다. 우리는 풀타임으로 시장을 분석하지 않으며, 그들과 같은 정보 접근성도 없다. 오히려 일반 투자자는 전문가와는 전혀 다른 방식으로 시장과 타이밍을 읽어야 한다.

그중 하나가 바로 '주변인을 지표로 삼는 법'이다.

시장은 절대 공부하지 않는 자에게 수익을 선물하지 않는다. 이 문장을 다시 해석해보자. 공부하지 않은 자가 시장에 들어오는 시점, 그때가 바로 우리가 조용히 나와야 할 순간이다. 그들은 그저 '지금 안 사면 손해'라는 말에 마음을 빼앗긴 채 들어온다. 뉴스에서 '역대 최고가'라는 자막이 하루가 멀다 하고 깜빡이고, 주변 사람들의 대화가 모두 특정 종목 이야기로 물들기 시작한다. 그 시점이야말로 시장의 파티가 끝나가는 신호다.

반대로, 시장에 아무도 남지 않았을 때, 그 누구도 가격을 묻지 않고, 경제 유튜브 시청자수가 뚝 떨어지고, 단톡방이 조용해지는 시점이 있다. 사람들이 더 이상 투자 얘기를 꺼내지도 않고, 심지어는 주식을 팔아 생활비를 충당했다는 푸념만 남아 있는 순간. 그 고요함이 바로 진짜 기회다. 시장은 언제나 소란이 끝난 뒤에 가장 값진 기회를 남겨둔다.

이건 수많은 사이클 속에서 반복적으로 확인된 실제 패턴이다. 시장은 늘 같은 순서를 밟는다. 초기에 들어오는 소수는 철저히 공부하고, 분석하고, 리스크를 계산한다. 그 뒤를 따라오는 사람들은 그들을 믿고 조심스럽게 진입한다. 그리고 마지막에 들어오는 사람들은 아무 준비도 없이, 열기에 휩쓸려 들어온다. 이 마지막 무리의 발걸음이 들리기 시작하면, 이미 수익의 문은 닫히기 직전이다.

고점은 언제나 환호 속에서 만들어진다

2021년 1월, 삼성전자 주가가 9만 원을 넘어서던 그 며칠간 대한민국은 온통 삼성전자 이야기뿐이었다. 유튜브에서는 경제 전문가라는 사람들이 앞다퉈 '10만 전자는 기본, 15만 전자 간다'고 외쳤고, 언론은 '동학개미의 힘, 코스피 3000 시대 열었다'며 매일같이 축포를 쏘아 올렸다.

그날따라 유독 인스타그램 스토리는 친구들의 삼성전자 수익률 인증샷과 "지금 안 사면 바보", "10만 원 넘으면 못 산다"는 대화 캡처로 도배돼 있었다. 나는 무언가에 홀린 듯, 더 이상 버티다간 영원히 뒤처질 것 같은 공포감에 휩싸여 시장가 매수 버튼을 눌렀다. 정확히 그날이 역사적 고점이었다. 그리고 다시 그 가격을 넘어서기까지 5년에 가까운 시간이 걸렸다.

그날 이후 나는 단 한 가지 중요한 교훈을 얻었다. 아무런 공부 없이, 모두의 환호성만 믿고 시장에 들어서는 순간 절대 수익을 볼 수 없다는 것. 시장은 그렇게 친절한 곳이 아니었다. 그리고 더 무서운 사실은, 시장의 고점은 언제나 그렇게 만들어진다는 것이다. 투자에 아무 관심 없던 내 친구들, 주식 계좌 하나 없던 주변 사람들까지 모두가 '삼성전자'를 외치며 마지막으로 시장에 뛰어드는 순간이 바로 누군가는 모든 것을 팔고 떠나야 할 때라는 것을, 나는 값비싼 수업료를 내고서야 깨달을 수 있었다.

그날 이후, 나는 '정보'보다 '온도'를 보기 시작했다. 애널리스트의 리포트나 경제지표가 아닌, 사람들의 표정, 말투, 대화 주제에서 시장의 현재 상태를 읽으려 했다. 숫자는 뒤늦게 반영되지만, 분위기는 훨씬 먼저 변한다. 회사 동료들이 점심시간마다 특정 종목의 이름을 입에 올리고, "이번에 안 사면 평생 후회할 것 같다"는 농담을 진담처럼 주고받는다.

카카오톡 단체방에는 갑작스러운 '수익 인증' 스크린샷이 연달아 올라온다. 오늘은 30%, 어제는 50%… 수익률은 점점 자극적이 되고, 표정에는 확신이 가득하다. 택시 기사님은 "요즘 다 이걸로 번다"는 말을 건네고, 평소 주식에 관심 없던 부모님마저 "이 종목이 좋다더라"는 이야기를 한다.

이 모든 장면은 단순한 '투자 관심'이 아니다. 시장의 열기가 임계점을 향해 치닫고 있다는 신호다. 차트나 지표에서는 아직 위험이 드러나지 않더라도, 사람들의 말과 표정, 그리고 그 말이 오가는 빈도와 속도에서 과열의 징후가 보인다. 나는 이 신호를 데이터처럼 기억한다.

지금 시장에는, 과거의 내가 얼마나 남아 있는가?

공부도 없이, 근거도 없이, 그저 "지금 안 사면 손해"라는 분위기에 떠밀려 들어왔던 그때의 나. 그와 똑같은 표정을 짓고 있는 사람들이 주변에 많아질수록, 나는 그 시점을 정확한 고점의 신호로 받아들인다.

'누가, 언제, 어떤 감정으로 투자 이야기를 꺼냈는가.'

이 감정 곡선이 급격히 가팔라질수록, 시장은 정점에 가까워진다. 그리고 나는 그 순간, 매수 버튼이 아니라 매도 계획서를 다시 펼쳐 본다.

정보는 뉴스 헤드라인에 나타날 때 이미 늦었고, 데이터는 보고서로 정리될 즈음이면 기회가 지나간 경우가 많다. 반면, 사람들의 말투와 속도, 그리고 표정에 서린 온도는 실시간으로 변한다. 그것이야말로 가장 빠르고, 가장 날것의 시장 데이터다.

이 온도를 읽을 수 있는 눈은 단순한 직감이 아니다. 경험 속에서 축적된 패턴 인식이며, 반복적인 관찰로 다듬어진 '심리 차트'다. 일반 투자자가 전문가와 경쟁할 수 있는 유일한 무기는 방대한 리포트나 비밀 정보가 아니라, 바로 이 심리의 미세한 변화다. 시장은 결국 사람들의 심리로 움직이기 때문이다. 그리고 그 심리를 가장 먼저 감지하는 사람만이, 조용히 수익의 문을 나설 수 있다.

15. 삼성전자(005930)

"반도체 사이클의 중심, 한국 시장의 알파기업"
삼성전자는 한국 증시의 방향을 결정하는 종목이다. 코스피 지수에서 차지하는 비중이 압도적이라, 삼성전자의 주가 흐름 없이는 시장 전체를 설명할 수 없다. 그 주가의 본질은 메모리 반도체 사이클에 있다. 호황기에는 막대한 이익을 거두며 주가가 오르고, 불황기에는 실적 악화와 함께 주가가 조정된다.

> **투자 난이도** ★☆☆☆☆
> **기대 상승률** ★★☆☆☆
> **투자 매력도** ★★☆☆☆
> **이런 분께 추천해요** 대한민국 1등 기업의 안정성에 투자하는 가치 투자자

핵심 특징 및 투자 포인트

- **회복 국면의 사이클:** 삼성전자의 본업은 메모리 반도체다. 2024년 반도체 가격이 바닥을 찍은 뒤, 2025년 들어 AI 서버 수요가 폭발하면서 다시 오르기 시작했다. DRAM, HBM 같은 핵심 제품은 이미 공급이 부족할 정도다. 삼성전자는 여전히 세계 1위 메모리 기업이고, 사이클의 회복 구간에서 실적도 빠르게 개선되고 있다.

- **AI 시대의 파운드리 기회:** 삼성전자가 앞으로 뛰어넘어야 할 벽은 파운드리다. 지금은 대만의 TSMC가 앞서 있지만, 삼성은 초미세 공정과 HBM 기술을 묶어 AI 칩 시장에서 기회를 노리고 있다. 만약 고객 신뢰와 수율 문제를 해결한다면, '메모리 회사'라는 꼬리표를 떼고 'AI 반도체 종합기업'으로 재평가받을 수 있다.

- **압도적인 현금과 배당:** 삼성전자는 매년 수십조 원을 벌어들인다. 불황이 와도 무너지지 않고, 그 돈은 다시 배당으로 주주에게 돌아간다. AI나 파운드리처럼 위험한 사업에 과감히 투자할 수 있는 것도 바로 이 자본력 덕분이다.

투자 시 고려사항

한국 증시를 대표하는 만큼 외국인 수급과 환율, 지정학적 리스크에 따라 주가가 펀더멘털과 무관하게 움직이는 경향이 있다는 점을 반드시 고려해야 한다.

부자로 다시 태어나다,
투자습관 체화:

PART 3

당신의 일상이
당신의 수익을 만든다

⋮

　세 번째 단계는, 가장 실천적인 영역이다. 이제 당신은 투자자로서의 정체성을 받아들여야 한다. '나는 투자자다.' 이 한 문장이 단지 선언으로 끝나서는 안 된다. 그것은 하루의 리듬과 선택 속에 자연스럽게 녹아들어야 한다. 시간을 쓰는 방식, 세상을 바라보는 시선, 정보를 해석하는 태도, 감정을 다루는 습관까지. 당신의 일상 전체가 투자자의 호흡과 맞물려야 한다. 그렇게 일상과 투자가 하나로 연결될 때, 비로소 당신은 투자자로서 완성되어 간다.

　이 작은 행동들은 겉으로 보면 사소해 보이지만, 시간이 지날수록 당신의 의사결정과 감정을 지탱하는 기둥이 된다. 습관이 쌓이면 투자는 더 이상 '특별한 날에만 하는 일'이 아니라, 당신이라는 사람의 일상적인 결이 된다. 그리고 그 순간, 당신은 단순히 시장의 흐름에 반응하는 사람이 아니라, 투자습관을 통해 시장 속에서 스스로의 길을 설계하는 투자자가 된다.

많은 이들의 투자 수익이 기본기를 익힌 후에도 제자리걸음을 하는 이유는 단순히 지식이 부족해서가 아니다. 여전히 같은 실수를 반복하는 이유는 삶 속에 '투자자'라는 자아가 스며들지 않았기 때문이다. 머리로는 원칙을 알지만, 몸과 생활이 그 원칙을 따르지 않는 것이다.

기본기를 알고도 실천하지 않는 사람과, 그것을 몸에 새겨 넣은 사람은 겉으로는 비슷해 보이지만, 시간이 흐르면 완전히 다른 길을 걷게 된다. 체화란 단순히 같은 행동을 반복하는 것이 아니다. 그것은 '나라는 시스템' 자체가 바뀌는 일이다. 매일의 선택, 사용하는 언어, 심지어 하루를 시작하고 마무리하는 방식까지 달라진다.

결국 진짜 수익곡선이 바뀌는 시점은 이 '정체성의 변화'가 이루어졌을 때다. 투자는 정보의 게임이 아니다. 정체성의 게임이다. 어떤 정보를 갖고 있느냐보다, 어떤 사람으로 시장에 참여하느냐가 장기적으로 훨씬 더 큰 차이를 만든다. 그리고 그 차이는 단 한 번의 결단이 아니라, 매일 쌓아 올린 투자습관에서 시작된다.

결국 이 모든 것은 '나'라는 시스템을 설계하는 일이다. 하루의 선택이 모여 한 달을 만들고, 한 달의 습관이 모여 1년의 투자 성과를 만든다. 그리고 그 시스템이 완성되었을 때, 시장의 소음과 변동은 더 이상 당신의 중심을 흔들 수 없다. 그 순간부터, 당신은 단순히 돈을 버는 사람이 아니라, 스스로 만든 투자 시스템 속에서 자산과 시간을 함께 불려 가는 '진짜 투자자'가 된다.

이번 챕터에서는 바로 그 '투자습관'의 정체성을 다지는 방법을 다룰 것이다. 매일의 루틴, 투자자의 언어, 감정을 다루는 방식, 그리고 환경과 관계의 선택까지. 이 모든 요소가 어떻게 당신의 투자 체질을 바꾸고, 장기적으로 수익 구조를 만들어가는지 하나씩 살펴 볼 것이다. 여기서 배우는 투자습관은 앞으로 어떤 기술이나 전략을 익히더라도 흔들리지 않는, 당신만의 견고한 기반이 될 것이다.

명랑함으로 돈의 그릇을 키워라

나는 현재 직장인이지만, 투자자로서의 삶을 살고 있다. 이 말을 자신 있게 할 수 있게 된 것은, 어느 순간부터 내 본업 수익보다 투자 수익이 몇 배는 더 커졌기 때문이다. 하지만 흥미롭게도, 내가 대담하게 매매하는 타이밍은 1년 중 정말 몇 번에 불과하다. 하지만 나는 그 몇 번을 위해, 매일을 준비한다. 그리고 그 준비가 투자자로서의 정체성을 만들어준다.

매매가 없어도, 준비는 계속되어야 한다. 그 준비란 구체적으로 무엇인가? 간단하게 세계 경제의 흐름을 읽는 것이다. 뉴스 어플리케이션이나 유튜브에서 미국 증시 상황, 금리의 방향성 정도만 훑어본다. 내가 관심 있는 종목이나 섹터에 무슨 이슈가 있었는지도 같이 볼 수 있을 것이다. 그러나, 그보다 더 중요한 것이 있다.

그것은 다름 아닌 명랑한 태도다. 명랑한 태도는 화려한 기술보다 강력하다. 나는 오랫동안 투자 공부를 해오며, 모든 데이터와 기술적 분석, 거시경제 지식보다 더 중요하다고 생각하는 한 가지가 있다. 바로 밝은 마음이다. 너무 의외인가? 갑자기 투자서가 자기계발서가 된 것 같다고 느껴질 수도 있다. 하지만 내가 경험한 바로는, 장기적으로 살아남는 투자자들은 모두 '명랑함'이라는 무기를 가진 사람들이었다.

밝은 마음은 단지 감정의 상태가 아니다. 판단력의 바탕이고, 손실을 견디는 방패며, 기회를 보는 눈이다. 불안에 잠식당하면 상승 초입에서도 수익을 실현해버린다. 조금만 가격이 떨어져도 겁에 질려 탈출하게 된다. 하지만 당신이 긍정적 태도를 놓지 않고 있다면, 시장은 마치 당신을 테스트하듯 움직여도, 끝내 당신의 편이 된다.

밝은 마음을 지킨다는 건 단순히 낙천적으로 생각하라는 말이 아니다. 투자라는 세계에서 '밝음'은 전략이다. 그것은 시장에 끌려 다니지 않고, 내 중심을 잡기 위한 훈련의 시작점이다. 폭락이 와도 "망했다"가 아니라 "좋아, 드디어 다음 매수 기회가 왔군"이라며 바라볼 수 있는 여유, 예상보다 오르지 않더라도 "아직 시장이 준비가 안 됐나 보지"라고 웃을 수 있는 태도, 이 모든 것이 '밝은 마음'에서 비롯된다. 이 밝음을 유지하려면 몇 가지 습관이 필요하다.

자신을 위한 언어를 사용하라

"망했다", "끝났다" 같은 말은 당신의 내면을 서서히 갉아먹는다.

이런 부정적인 언어는 단순한 감정의 표현이 아니라, 무의식에 각인되어 스스로를 무력하게 만드는 강력한 암시다. 투자라는 세계에서는 수익보다 더 먼저 무너지는 것이 바로 자기 확신이다. 반대로 "기회는 또 온다", "이번 기회로 중요한 것을 배우고 있군", "지금 깔딱고개를 넘어간다" 같은 말은 자기 확신을 회복시키고, 중심을 다시 잡게 해주는 언어다.

나는 경험으로 확신한다. 위기의 순간, 당신을 지켜주는 건 차트도 아니고, 누군가의 조언도 아니다. 바로 당신 스스로가 당신에게 건네는 말 한마디다. 혼잣말은 단순한 습관이 아니다. 그것은 자기 신뢰를 회복하는 가장 실질적이고 강력한 기술이다. 마치 누군가가 당신 곁에 앉아 "괜찮아, 넌 잘하고 있어"라고 조용히 말해주는 듯한 그 언어가, 실제로 당신의 행동과 판단을 바꾸고, 결국 당신을 지켜낸다.

움직임을 의식적으로 줄여라

밝은 마음은 '여유'에서 비롯된다. 여유란 단순히 시간을 비우는 것이 아니라, 내 리듬을 잃지 않는 힘이다. 매일같이 종목을 갈아타고, 계좌를 열고 닫고, 포트폴리오를 재편하면서 하루를 보내다 보면, 그 순간은 뭔가 하고 있다는 안도감을 줄지 몰라도, 실은 마음속엔 불안이 서서히 쌓인다. 우리는 종종 '행동' 자체를 성과로 착각한다. 하지만 투자에서 진짜 성과는, 충동을 제어하고 방향성을 지키는 데서 나온다. 시장의 소음과 속도에 끌려가지 마라.

시장보다 반 박자 느린 호흡을 유지하라. 이것이 오히려 더 멀리 가는 길이다. 지금이 매수의 결정적 순간처럼 느껴져도 한 템포 쉬고, 천천히 분할매수로 들어가라. 지금 당장 돈을 빼지 않으면 다 잃을 것 같은 순간에도, 한숨 자고 일어나 다시 가격을 확인하라. "주식시장은 성급한 사람의 돈을 차분한 사람에게 옮겨주는 장치"라는 워런 버핏의 말처럼 느린 호흡은 당신에게 더 합리적인 의사결정을 가능케 한다.

뉴스에 집착하지 마라

뉴스는 물론 중요하다. 하지만 그것들은 어디까지나 참고 자료일 뿐이다. 뉴스는 언제나 극단적인 감정을 팔고, 뉴스를 통해 드러나는 사실들은 과거의 일부분만을 보여줄 뿐이다. 만약 거기에 당신의 감정을 실어버리면, 무너지는 쪽은 시장이 아니라 당신이다. 정보는 정보로만 받아들여라.

중요한 건 그것을 해석하고 선택할 수 있는 '기준'이다. 매일 쏟아지는 기사와 데이터 속에서 휘둘리지 않으려면, 당신만의 프레임이 필요하다. 수많은 뉴스와 전문가들의 해석 중 나를 설득할 수 있는 논거에만 귀를 기울여라. 정보에 휩쓸리지 않기 위해선 비판적인 태도가 필요하다. 뉴스를 그대로 믿지 마라. 그 뒤에 숨은 의도와 맥락을 생각하라. 투자란 결국 나만의 기준을 정립하고, 그 기준으로 세계를 해석하는 과정이다.

하루에 1억이 사라진 날, 나는 웃었다

투자 금액이 커질수록, 앞에서 말한 '명랑함'은 선택이 아닌 생존의 기술이 된다. 나는 이것을 '돈의 그릇'이 커지는 과정이라고 여긴다.

얼마 전, 내가 포트폴리오에 담고 있던 비트코인, 이더리움, 솔라나, 체인링크를 비롯한 가상화폐들이 하루 만에 10% 넘게 폭락하며 계좌에서 1억 원이 넘는 돈이 증발한 날이 있었다. 스마트폰 화면에 찍힌 파란색 숫자는 나의 1년 치 연봉을 넘는 금액이었다. 그날 저녁, 아니나 다를까 걱정스러운 목소리로 친구에게서 전화가 왔다.

"너 괜찮아? 뉴스 보니까 코인 다 박살났던데. 무슨 악재 터진 거야?"

나는 잠시 웃음을 지었다. 그리고 말했다. 그리고 대답했다.

"응, 괜찮아. 드디어 기다리던 세일 기간이 시작됐나 보지."

내가 정말 괜찮을 수 있었던 이유는, 이것이 내가 감당해야 할 돈의 그릇 크기를 확인하는 과정이었기 때문이다. 몇 백만 원을 투자할 때의 그릇과 수십억 원을 굴리는 지금의 그릇은 달라야만 한다. 하루에 1억 원이 사라지는 변동성을 담지 못하는 그릇으로는, 애초에 수십억 원의 자산을 담을 자격이 없다.

결국 '명랑함'은 이 돈의 그릇을 의식적으로 넓히는 가장 중요한 훈련이다. 시장의 하락 앞에서 '망했다'고 좌절하는 대신, '흥미로운 기회가 오고 있군'이라며 웃을 수 있는 관점. 그 웃음의 크기가, 당신이 담을 수 있는 돈의 크기를 결정한다. 기술은 책과 시간을 통해 익힐 수 있다. 정보는 누구나 접할 수 있다. 하지만 밝은 마음은 하루하루를 어떻게 살아가는지에 따라 갈린다. 그것은 훈련으로 길러지는 내면의 자산이다. 날마다 중심을 지키고, 흔들림 속에서도 자신을 다독이며, 끝까지 관찰자의 시선을 유지한 사람만이 진짜 기회가 왔을 때 그 찰나를 붙잡을 수 있다.

당신이 해야 할 일은 묵묵하게 돈의 그릇을 키워 나가는 것이다. 이 책의 내용을 실천하며, 당신만의 투자 역량을 축적해간다면 수익은 자연스레 따라올 것이다. 중요한 건 당신의 수익이 10억 원이 되고 50억 원이 되었을 때, 그것을 담을 수 있는 그릇을 만들었는가이다. 매 순간 명랑함을 유지하라. 당신은 충분히 그 돈을 가질 자격이 있는 사람이다.

16. 솔라나(Solana, SOL)

"빠르고 저렴한 차세대 블록체인"

솔라나는 비트코인이나 이더리움보다 훨씬 빠르고 저렴하게 거래할 수 있게 하는 차세대 블록체인 플랫폼이다. 기존 블록체인이 가진 느린 속도와 높은 수수료 문제를 해결하여, 수많은 사용자가 동시에 이용하는 대규모 서비스(웹3 게임, 탈중앙화 금융 등)를 원활하게 구동하도록 설계되었다.

> **투자 난이도** ★★★★☆
> **기대 상승률** ★★★☆☆
> **투자 매력도** ★★★☆☆
> **이런 분께 추천해요** 가상화폐에 더 넓게 투자하고 싶은 투자자

핵심 특징 및 투자 포인트

- **압도적인 속도와 낮은 수수료:** 솔라나는 초당 수천 건의 거래를 처리할 수 있으며, 거래 수수료는 1원 미만으로 매우 저렴하다.

- **확장성과 개발 용이성:** 솔라나는 블록체인의 속도와 보안을 동시에 해결하는 독자적인 기술을 통해, 네트워크의 확장성을 극대화했다. 또한, 개발자들이 기존 프로그래밍 언어(Rust, C)로도 쉽게 어플리케이션을 만들 수 있는 환경을 제공하여 개발자 커뮤니티가 빠르게 성장하고 있다.

- **풍부한 생태계와 활용처:** 솔라나는 DeFi(탈중앙화 금융), NFT, 웹3 게임 등 다양한 분야에서 이더리움의 강력한 경쟁자로 부상하고 있다. 특히, 대규모 게임이나 결제 시스템처럼 빠른 속도가 필수적인 분야에서 솔라나 기반의 혁신적인 서비스들이 지속적으로 등장하고 있다.

투자 시 고려사항

솔라나는 기술적인 우위를 바탕으로 빠르게 성장했지만, 안정성과 보안에 대한 이슈가 종종 발생했다. 과거 여러 차례의 네트워크 중단 사태는 투자자들에게 불안감을 주기도 했다. 아직은 이더리움만큼 넓은 개발자 생태계를 확보하지 못했다는 점도 고려해야 한다.

17. 체인링크(Chainlink, LINK)

"블록체인과 현실 세계를 연결하는 데이터 다리"
체인링크는 블록체인 세상과 현실 세계를 연결해주는 '데이터 메신저' 프로젝트다. 블록체인은 스스로 외부 세계의 정보(예: 현재 주식 가격, 날씨, 경기 결과)를 가져올 수 없다는 기술적 한계가 있는데, 체인링크는 이 현실 세계의 데이터를 블록체인 안으로 안전하고 정확하게 전달하는 역할을 한다.

> **투자 난이도** ★★★★★
> **기대 상승률** ★★★★☆
> **투자 매력도** ★★★★☆
> **이런 분께 추천해요** 자산 토큰화의 미래를 신뢰하는 스마트 투자자

핵심 특징 및 투자 포인트

- **현실 데이터 통로:** 금융, 보험, 게임 등 대부분의 의미 있는 블록체인 서비스는 현실 세계 데이터 없이는 작동할 수 없다. 체인링크는 이 필수적인 데이터를 공급하는, 업계의 표준과도 같은 가장 신뢰받는 통로다. 수많은 프로젝트들이 체인링크의 데이터에 의존하고 있어, 한번 구축된 생태계는 다른 경쟁자들이 쉽게 넘볼 수 없는 강력한 장벽이 되었다.

- **"아무나 이겨라" 전략:** 모든 블록체인의 성장에 올라타는 플랫폼 체인링크는 이더리움뿐만 아니라 솔라나, 아발란체 등 거의 모든 블록체인 위에서 작동한다. 이는 어떤 특정 블록체인이 미래의 승자가 되든, 블록체인 생태계 전체가 성장하기만 하면 체인링크에 대한 수요는 계속해서 증가한다는 것을 의미한다. 즉, 특정 코인이 아닌 블록체인 산업 전체의 성장에 투자하는 '인프라' 성격의 자산이다.

- **실물자산 토큰화와 블랙록:** 체인링크는 실물자산 토큰화(RWA)의 핵심 인프라다. 부동산, 채권, 국채, 심지어 펀드 지분까지 블록체인 위로 올라오려면, 그 자산이 진짜 존재한다는 것을 증명할 신뢰 가능한 데이터 연결이 필요하다. 체인링크는 바로 그 역할을 수행한다. 특히 블랙록이 RWA 시장 진출을 공식화하면서, 글로벌 자본의 흐름은 점점 더 블록체인으로 이동하고 있다.

체인링크의 가치는 블록체인 서비스들이 얼마나 활발하게 사용되는지에 직접적으로 연동된다. 만약 블록체인 기술의 대중화가 기대보다 더디거나, 장기적인 암호화폐 침체기가 올 경우 체인링크에 대한 수요도 함께 감소할 수 있다. 또한, 기술이 다소 복잡하여 일반 투자자들이 그 가치를 직관적으로 이해하기 어렵다는 점도 리스크 요인이다.

당신의 투자를
주변에 알려라

지금은 누구나 돈에 관심을 갖는 시대다. 과거에는 돈 이야기를 꺼리는 분위기가 있었지만, 이제는 오히려 자연스럽게 나오는 주제가 '부동산', '주식', '코인', '연봉', '월세'다. 특히 30대 이상이 되면, 각자의 투자 경험과 정보를 나누는 일에 익숙해지고, 그만큼 투자 이야기는 일상의 한 부분이 된다.

물론 여전히 누군가는 이런 대화를 꺼려한다. 괜히 나섰다가 틀린 말을 할까 봐, 혹은 "그걸 왜 샀어?"라는 반응에 상처받을까 두려워 말하기를 주저한다. 누군가에게는 돈 이야기가 자존심의 문제이기도 하고, 누군가에게는 질투와 오해를 부를 수도 있는 민감한 주제다. 실제로 "나 최근에 이거 샀어"라고 말하는 순간, 그 자리의 공기가 미묘하게 바뀌는 것을 느껴본 적 있는 사람도 많을 것이다.

하지만 나는 오히려, 자신의 투자 방향과 관심 분야를 과감히 주변 사람에게 공유할 것을 권한다. 단, 금액이나 수익 자랑이 아니라 '왜 이걸 투자했고, 어떤 점을 보고 매수했는지'를 말하는 방식이어야 한다. 투자 이야기를 나누는 것에는 두 가지 중요한 효용이 있다.

주변인 지표를 확인할 수 있는 도구

당신이 투자하고 있는 섹터나 종목에 대해 주변 사람들과 이야기를 나눴을 때, 그들의 반응은 당신의 투자 시점이 '너무 이르거나' 혹은 '이미 늦었는지'를 보여주는 하나의 신호가 된다. 만약 그들이 싸늘한 반응을 보이거나, 당신을 이상한 눈으로 바라본다면, 그건 시장이 아직 해당 종목이나 섹터에 대해 충분히 주목하지 않았다는 뜻일 수 있다. 즉, 당신이 대중보다 앞서 있다는 증거다.

2025년 초, 회사 동료 중 한 명이 내 투자 방향에 대해 물은 적이 있었다. 나는 지정학적 리스크가 점차 부각될 것이라는 전망을 내놓았고, 그와 맞물려 미국 우주항공과 방산 섹터의 성장을 강조했다. 이어서 그 흐름 속에서 특히 로켓랩Rocket Lab이라는 기업의 잠재력에 대해 설명했다. 민간 우주 발사체 시장의 확대 가능성, 국가 안보와 직결된 방위 산업의 구조적 성장, 그리고 로켓랩이 확보한 기술적 진전과 계약의 연속성을 근거로 들었다. 그러나 이러한 이야기는 그 자리에 있던 대부분의 사람들에게 낯설게 들렸다. 많은 이들이 고개를 갸웃거렸고, 기업 이름조차 처음 들어본다는 반응이 이어졌다.

하지만 나는 그 싸늘하고 무관심한 반응이야말로 내가 대중보다 앞서 있다는 가장 강력한 증거라고 확신했다. 시장은 늘 늦게 반응하고, 대중은 모든 것이 증명된 뒤에야 열광하기 마련이다. 이런 반응이 나왔다고 위축되지 말고, 오히려 '나는 지금 시장보다 먼저 움직이고 있다'는 신호로 활용하라. 당신의 투자 논리를 점검할 기회를 얻게 된다.

만약 당신이 언급한 종목이나 산업이 시간이 지나며 실제로 주목받기 시작한다면, 이제 사람들은 당신에게 묻기 시작할 것이다. "지금 들어가도 괜찮을까?", "이 종목은 앞으로 얼마나 갈 수 있을까?", "어떻게 이 기업을 미리 알았던 거야?"라는 질문들이 줄을 잇는다. 이 순간은 단순히 자랑할 기회가 아니라, 당신 스스로가 세운 투자 시나리오와 원칙을 검토할 수 있는 결정적 기회가 된다.

누군가의 질문에 명확하게 답하기 위해선 단순한 직감이나 '느낌'으로는 부족하다. 스스로도 타인을 설득할 수 있을 만큼 구체적인 논리와 근거를 갖고 있어야 한다. 그 과정에서 당신은 알게 된다. 내가 이 종목에 대해 충분히 공부했고, 논리적으로 접근한 것이었는지, 아니면 단지 운 좋게 맞아떨어진 감정적 매수였는지를.

그리고 더 중요한 건, 이런 질문을 받으며 설명하는 과정 자체가 당신의 투자 역량을 더욱 성숙하게 만든다는 점이다. 말로 풀어내는 순간, 당신은 투자 판단의 구멍을 발견하기도 하고, 반대로 더욱 단단한 신념을 갖게 되기도 한다. 그렇게 점검된 시나리오는 이후 더 큰 기회를 만났을 때 흔들리지 않고 행동할 수 있게 해주는 기반이 된다. 즉, 질문을 받는 순간은 곧 당신의 투자 내공이 시험대에 오르는 시간이다. 그 시간을 잘 활용하면, 당신은 단순한 운 좋은 투자자에서 진짜 투자자로 성장할 수 있다.

미움받는 자랑꾼이 아닌 존경받는 투자 구루가 되자

단, 한 가지 조심할 점이 있다. 투자 금액이나 수익 규모는 절대 말하지 마라. 이야기의 초점은 '얼마를 벌었는가'가 아니라, '왜 이 기업을 선택했는가'에 있어야 한다. 투자 이야기를 나눌 때 가장 주의해야 할 것은 구체적인 금액이다. 사람들은 겉으로는 "우와 대단하다"라고 반응하더라도, 마음속 깊은 곳에서는 시기와 질투, 혹은 비교에서 오는 미묘한 감정을 느낄 수 있다. 당신이 그런 의도가 없더라도, 듣는 입장에서는 '자랑처럼' 들릴 수 있다.

그렇게 되면 이야기는 순식간에 '공부와 나눔'의 맥락에서 벗어나, '누가 얼마 벌었는가'를 중심으로 왜곡된다. 결국 당신의 진심은 닿지 않고, 관계에 불필요한 거리감만 생긴다. 친한 친구였던 사람조차도, 어느 순간부터는 당신과 투자 이야기를 피하게 될 수 있다.

그래서 당신은 '수익을 자랑하는 사람'이 아니라, '논리와 원칙을 전하는 조력자'의 자세를 택해야 한다. 단순히 내가 돈을 벌었다는 것을 말하기보다는, 왜 그 기업에 주목했고, 어떤 기준으로 판단했고, 어떤 리스크를 감수했는지를 이야기해야 한다. 그래야 듣는 사람도 '배울 수 있는 대화'로 받아들이고, 당신을 존중한다.

18. 로켓랩(Rocket Lab, RKLB)

"지정학적 위기 속에서 부상하는 우주–국방의 핵심 주자"
심화되는 지정학적 갈등 속에서 우주가 국가 안보의 핵심 영역으로 부상하며, 로켓랩은 상업 우주 시장과 국방 안보 분야를 연결하는 핵심 기업으로 주목받고 있다. 이들은 단순히 위성을 쏘는 회사를 넘어, 위성 제작부터 발사, 운영까지 제공한다. 특히 미국 국방부의 신뢰를 받는 파트너로서 국가 안보와 직결되는 우주 임무들을 수행하며 성장하고 있다.

> **투자 난이도** ★★★★☆
> **기대 상승률** ★★★★★
> **투자 매력도** ★★★★☆
> **이런 분께 추천해요** 지정학적 위기 속 국방 우주 산업을 공부하고 싶은 투자자

핵심 특징 및 투자 포인트

- **지정학적 위기 속 주목받는 역량:** 점증하는 지정학적 리스크 속에서, 유사시 신속하게 위성을 궤도에 올리는 '신속 대응 발사(Responsive Launch)' 역량의 중요성이 커지고 있다. 로켓랩은 검증된 '일렉트론' 로켓의 높은 신뢰도를 바탕으로, NASA뿐만 아니라 미 우주군 등 핵심 국방 기관의 위성을 다수 발사하며 이 분야의 실질적인 리더로 자리매김했다.

- **안정적인 방산 부문 매출:** 로켓랩의 투자 매력은 발사 사업을 넘어, 위성을 만드는 '우주 시스템' 부문에서 나온다. 이들은 위성의 핵심 부품을 직접 제작 및 판매하는데, 이 부품들은 상업용 위성뿐만 아니라 국방 위성 프로젝트에도 공급되며 지정학적 긴장과 무관하게 안정적인 방산 부문 매출을 창출하고 있다.

- **미-중 우주 패권 경쟁의 수혜:** 미-중 기술 패권 경쟁이 우주로 확장되면서, 독자적인 대규모 위성망 구축의 필요성이 커지고 있다. 로켓랩의 차세대 중형 로켓 '뉴트론(Neutron)'은 바로 이 국방용 정찰 및 통신 위성망을 구축하는 데 최적화되어 있어, 차세대 국방 우주 인프라의 핵심 발사체로 기대를 모은다. 이는 로켓랩이 스페이스X와 함께 미국의 우주 안보를 책임지는 핵심 플레이어로 도약하는 발판이 될 것이다.

투자 시 고려사항

로켓랩의 가장 큰 리스크는 아직 수익을 내지 못하는 성장주라는 점이다. 특히 차세대 로 켓 뉴트론 개발에는 막대한 자본이 필요하며, 개발이 지연되거나 실패할 경우 심각한 재 정적 위기에 직면할 수 있다. 또한, 스페이스X라는 압도적인 경쟁자가 버티고 있는 시장 에서 살아남아야 하는 과제를 안고 있으며, 로켓 발사 사업 자체에 내재된 폭발 및 실패의 위험 역시 항상 존재한다.

현대인은 하루의 상당 부분을 유튜브나 넷플릭스 같은 영상 플랫폼에 할애하며 살아간다. 투자에 발을 들인 순간, 당신의 콘텐츠 추천 알고리즘은 빠르게 변화하기 시작한다. 화면에 뜨는 영상 목록은 어느새 코인, 주식, 경제 뉴스, 차트 분석 등 각종 '재테크 콘텐츠'로 가득해질 것이다. 이 시점부터 선택은 당신의 몫이다. 그저 시간을 소비하는 영상으로 도파민을 채울 것인가, 아니면 당신의 투자 내공을 길러주는 영상으로 방향을 틀 것인가. 이 장에서는 실제로 당신의 투자 실력 향상에 기여하는 콘텐츠가 무엇인지 구분하는 기준을 제시하고자 한다.

피해야 할 콘텐츠

초보 투자자들이 가장 먼저 빠지기 쉬운 함정은 자극적인 썸네일과 제목을 내건 선물·코인 라이브 방송이다. "하룻밤 사이 10억 청산", "자고 일어났더니 수익률 1,200%" 같은 문구는 호기심을 자극하지만, 실질적으로는 아무런 투자 노하우도 전달하지 못한다. 이러한 콘텐츠는 도박에 가까운 트레이딩을 '성공의 서사'로 포장하며, 투자와 도파민을 연결 짓는 왜곡된 인식을 심는다. 일시적인 흥미로 한두 번 보는 것은 괜찮지만, 이 콘텐츠들이 알고리즘에 자리 잡지 않도록 적극적으로 거리를 두어야 한다. 이른 시일 내에 '정보 소음'을 정리하는 일이 필요하다.

다음 단계에서 접하게 되는 콘텐츠는 다양한 차트 지표를 중심으로 한 기술적 분석 방송이다. 제한적 도움을 주는 콘텐츠로, RSI(상대강도지수), 엘리엇 파동 이론, 프랙탈 등등 전문 용어와 함께 분석을 제시하는 이 영상들은 시장의 흐름을 이해하는 데 일정 부분 도움을 준다.

그러나 중요한 점은, 이 분석을 맹신하지 않는 태도다. 기술적 분석은 과거 데이터를 기반으로 패턴을 읽는 도구이지, 미래를 확정적으로 예측해주는 해답지가 아니다. 차티스트(오직 차트 분석에만 집중하는 투자자)들은 대부분 평상시에는 흐름을 잘 읽지만, 시장 전환의 결정적 순간에는 오히려 반대 방향의 선택을 자주 한다. 또한, 차트 분석이란 보는 사람에 따라 수많은 해석이 가능하기에 정답이 따로 존재하지 않는다. 차트 분석 방송에 심취하여 맹신하다 보면,

당신의 투자 신념이 흐트러져 원칙에서 벗어나게 될 수 있다.

필수로 시청해야 하는 콘텐츠

당신의 투자 역량을 가장 깊이 있게 키워주는 콘텐츠는 바로 투자 대가들의 인터뷰 영상이다. 레이 달리오, 하워드 막스, 찰리 멍거, 캐시 우드, 스탠리 드러켄밀러 등 수십 년간 수조 원의 자금을 운용하며 시장에서 살아남은 이들의 이야기는, 단순히 '무엇을 사라'는 말이 아닌 '어떻게 사고할 것인가'를 알려준다. 그들은 언제 매수하고, 무엇을 기준으로 기업을 선정하며, 경제 사이클과 사회 변화에서 어떤 시그널을 포착하는지를 말해준다.

이러한 인터뷰를 반복해서 접하다 보면, 어느 순간 당신도 자연스럽게 시장을 분석할 때 "지금은 싸냐 비싸냐"가 아니라, "왜 시장이 이 신호를 보내고 있지?", "현재는 어떤 거시적 사이클과 연결돼 있지?", "이 기업은 10년 뒤에도 살아남을까?"와 같은 깊이 있는 질문을 스스로 던지게 된다.

가장 중요한 건, 그들은 모두 실패를 통해 성장했다는 점이다. 인터뷰 속에는 '실전 투자에서 배운 교훈'이 고스란히 담겨 있다. 그들이 어떤 선택을 후회했는지, 실수를 반복하지 않기 위해 어떤 습관을 들였는지, 그리고 어떻게 감정을 통제했는지가 담백하게 공유된다. 그것이야말로 책에서 얻을 수 없는, '현장에서 치열하게 싸운 이들'만의 실전 지혜다.

당신만의 투자구루를 찾아라

나의 투자 여정에 가장 큰 영향을 준 인물은 골드만삭스 출신의 헤지펀드 매니저이자, 금융 미디어 리얼 비전Real Vision의 설립자인 라울 팔Raoul Pal이었다. 그는 복잡한 경제 현상을 누구나 이해할 수 있는 쉬운 이야기로 풀어내며, 지금 우리가 어떤 시대적 변곡점에 서 있는지를 짚어준다.

특히 글로벌 유동성, 달러 사이클, 인플레이션과 같은 거시경제 흐름을 단순한 데이터가 아니라 '하나의 서사'로 연결해 설명한다. 그래서 그의 분석은 단순한 전망이 아니라, 앞으로 어떤 기회와 위기가 다가올지를 보여주는 한 편의 드라마와 같다. 라울 팔은 나에게 시장을 해석하는 새로운 언어를 가르쳐 준 선생님이었다.

그의 분석을 따라가면서 나는 특히 그가 미래를 바꿀 가장 폭발적인 조합으로 꼽았던 'AI와 바이오의 결합'이라는 개념에 매료되었다. 나는 이 철학을 가장 완벽하게 구현하는 기업을 찾아 나섰고, 마침내 AI 신약 개발의 선두주자인 리커전 파마슈티컬스에 도달했다. 리커전은 전통적인 제약사가 수년에 걸쳐 하던 신약 후보 물질 발굴 과정을, 기술의 힘을 통해 수개월 단위로 단축시킨다. 이들은 먼저 자동화된 로봇 시스템을 이용해 매주 수백만 개의 세포 이미지를 촬영하며 인간이 평생 봐도 다 못 볼 방대한 양의 데이터를 쌓는다.

그리고 AI가 이 데이터 속에서 특정 약물이 질병에 어떻게 반응하는지를 분석해, 인간의 눈으로는 볼 수 없었던 새로운 패턴과 해결책을 찾아낸다. 즉, 인간 연구원의 직관과 우연에 의존하던 신약 개발을, 데이터와 AI를 이용한 '대규모 탐색과 검증'의 영역으로 바꾸고 있는 것이다. 나는 시장이 언젠가 이 혁명적인 방식의 가치를 알아보는 날이 반드시 올 것이라고 믿는다.

당신이 소비하는 콘텐츠가 당신의 수익을 결정한다

투자에 관심을 가지는 것은 분명 소중한 시작이다. 하지만 그 시작이 오래가지 못하거나, 잘못된 방향으로 흐르지 않기 위해서는 '무엇을 보고 배우느냐'가 결정적인 차이를 만든다. 당신의 시간과 집중력은 한정되어 있다. 그래서 더더욱 무엇을 선택적으로 소비할 것인가는 중요하다. 짧고 강렬한 도파민 콘텐츠는 순간적으로는 재미를 줄 수 있다. 그러나 그것이 쌓인다고 해서 투자 실력이 올라가는 건 아니다. 오히려 '빠르게 돈을 벌어야 한다'는 조급함과 '나만 뒤처지는 것 같다'는 불안만 키우게 된다.

반대로, 실력과 철학을 쌓고 싶다면 당신은 반드시 깊이 있는 질문을 던지는 콘텐츠를 선택해야 한다. 투자 대가들의 인터뷰, 기업가들의 성장 스토리, 실패담이 담긴 회고록 같은 것들. 그 속에는 단지 숫자나 데이터가 아니라, 그 사람의 신념, 판단력, 실패의 흔적, 그리고 성장을 위한 고뇌가 담겨 있다. 이러한 콘텐츠는 단기간의 수익을 보장하진 않지만, 당신 안에 투자자로서의 뿌리 깊은 기반을 만들어준다. 그것이 진짜 장기적인 자산이 된다.

당신의 하루를 채우는 영상들이 곧 당신의 투자 철학을 만든다.

좋은 콘텐츠는 당신을 흔들리지 않는 투자자로 만든다. 그리고 투자자가 된다는 것은, 단지 돈을 버는 존재가 아니라, '판단할 수 있는 존재'로 성장하는 일이다.

19. 리커젼 파마슈티컬스(Recursion Pharmaceuticals, RXRX)

"AI와 로봇으로 신약 개발을 자동화하는 '테크바이오' 혁명가"

리커젼은 전통적인 신약 개발의 규칙을 파괴하는 '테크바이오' 기업이다. 수십 년간 인간 연구원의 직관과 우연에 의존했던 신약 개발 과정을, AI와 로봇을 이용한 대규모 데이터 분석 방식으로 전환하고 있다. 리커젼은 스스로를 '제약사'가 아닌, 생물학적 데이터를 해독하여 의학의 미래를 바꾸는 '기술 회사'로 정의한다.

> **투자 난이도** ★★★★★
> **기대 상승률** ★★★★☆
> **투자 매력도** ★★★☆☆
> **이런 분께 추천해요** AI 바이오의 미래를 믿는 고위험 고수익 추구 투자자

핵심 특징 및 투자 포인트

- **21세기 신약 개발 공장:** 리커젼의 핵심 경쟁력은 '리커젼 OS'라 불리는 자체 플랫폼에 있다. 이들의 자동화된 로봇 실험실은 인간의 개입 없이 매주 수백만 건의 생물학적 실험을 수행하며, 세계 최대 규모의 독점적인 세포 이미지 데이터를 쌓아 올린다. 이 방대한 데이터 자체가 다른 제약사가 수십 년을 투자해도 따라올 수 없는 강력한 해자(경쟁사가 쉽게 넘어올 수 없는 진입 장벽이나 경쟁 우위를 뜻하는 경제·경영 용어)다.

- **새로운 가능성과 엔비디아의 신뢰:** 리커젼의 AI 모델은 로봇이 생성한 데이터를 분석하여, 인간의 눈으로는 볼 수 없었던 질병과 약물 간의 새로운 패턴을 찾아낸다. 이 과정에서 엔비디아는 리커젼의 잠재력을 보고 **5,000만** 달러를 직접 투자했으며, 신약 개발을 위한 AI 모델을 함께 훈련시키고 있다. 이는 리커젼의 기술력이 AI 업계의 리더에게도 인정받았다는 가장 강력한 증거다.

- **파이프라인의 이중 성장 모델:** 리커젼은 바이엘(Bayer) 등 대형 제약사와 협력하여 플랫폼 기술을 제공하고 계약금을 받는 안정적인 사업 모델을 가지고 있다. 동시에, 이 플랫폼을 활용하여 희귀병, 항암제 등 자체 신약(파이프라인) 개발에도 나서고 있다. 만약 자체 개발 신약이 임상 시험에서 성공적인 결과를 낸다면, 기업의 가치는 비약적으로 상승할 것이다.

리커젼은 아직 본격적인 수익을 내지 못하는, 연구개발(R&D)에 막대한 자금을 소모하는 전형적인 성장주다. 신약 개발은 본질적으로 성공 확률이 매우 낮기 때문에, AI 플랫폼의 가능성에도 불구하고 임상 시험이 실패할 수 있다는 근본적인 리스크를 안고 있다. 이들의 기술이 실제로 신약 성공률을 획기적으로 높인다는 것이 데이터로 증명되기 전까지, 주가는 극심한 변동성을 보일 수밖에 없다.

다큐멘터리는 최고의 투자 지침서다

우리는 각자의 삶을 살아간다. 나도, 당신도, 모두 각기 다른 환경과 조건 속에서 최선을 다하고 있을 것이다. 하지만 바로 그 '환경'이라는 틀은 종종 우리가 세상을 바라보는 시야를 제한한다. 인간은 자신이 처한 조건을 '기준' 삼아 세상을 해석하고, 자연스럽게 자신과 비슷한 사람들로만 주변을 채운다. 그 과정에서 우리의 대화 주제, 관심사, 문제의식마저 비슷해지고, 마치 그것이 세상의 전부인 듯 착각하게 된다.

그러다 보면 자신도 모르게, 좁은 프레임에 갇힌 채 세상을 단순화해 바라보게 된다. "다들 이렇게 사니까"라는 안도감 속에서, 다른 방식의 삶이 존재할 수 있다는 상상력은 점점 약해진다. 특히, 우리가 살아가는 한국 사회 밖의 이야기라면 더더욱 그렇다. 멀리 떨어진 나라의 정치 변화, 문화적 갈등, 기술 혁신, 인구 구조 변화는 마치 영화 속 이야기처럼 멀게 느껴지고, 내 삶과는 관계없는 '배경 소음'이 되어 버린다.

문제는, 그 '배경 소음'이라고 여겼던 변화들이 몇 년 뒤 우리 삶의 무대 한가운데로 들어와 버린다는 점이다. 부동산 시장, 고용 환경, 소비 트렌드, 투자 기회 등등 모두 이 경계 너머의 변화에서 시작된다. 그러나 시야가 닫혀 있으면, 우리는 그 변화가 우리 앞에 닥친 뒤에야 비로소 깨닫게 된다. 그리고 그때는 이미, 투자자로서 가장 중요한 '선점의 시간'을 잃어버린 뒤다.

다큐멘터리는 당신의 투자 시야를 넓힌다

그렇기에 나는 투자자라면 다큐멘터리를 반드시 주기적으로 시청해야 한다고 말하고 싶다. 뉴스나 유튜버들의 해설 영상이 미래를 예측하고 분석하려는 '의도된 시선'이라면, 다큐멘터리는 '있는 그대로의 단면'을 보여준다. 현실 그 자체의 맥박, 아직 숫자화되지 않은 변화의 징후, 그리고 수면 아래 잠들어 있는 사회의 긴장감까지. 다큐멘터리는 시장보다 빠르게 '세상의 방향'을 포착할 수 있게 도와주는 살아있는 시나리오다.

나 역시 서울 수도권에만 살며 직장인의 삶을 살아왔다. 아침에 일어나 회사에 가고, 퇴근 후엔 피곤한 몸으로 집에 돌아오기를 반복하는 일상. 내 주변엔 나와 비슷한 사람들밖에 없었다. 월급, 전세, 통근, 주말여행. 이 패턴이 너무 익숙해진 나머지, 나는 이 삶이 마치 '보편적 현실'이라고 착각하고 있었다. 그 익숙함은 안도감을 줬지만, 동시에 시야를 좁혔다. 다른 삶이 있다는 사실조차 떠올리지 못했고, 내가 살아가는 방식이 '당연한 선택'이라고 여겼다. 그러다 보니 세상의 변화에도 둔감해졌고, 투자를 하면서도 이 작은 세계의 틀 안에서만 판단했다.

하지만 투자는 본질적으로 '다른 세상'을 상상하는 행위다. 지금은 미미하지만, 앞으로 커질 변화에 돈을 베팅하는 일이다. 내가 보는 세상은 세상의 전부가 아니며, 내가 모르는 세계가 훨씬 더 크다. 다큐멘터리의 가장 큰 장점은 직접 경험하지 않아도 다른 세상의 구조와 문제를 간접 체험할 수 있다는 것이다.

다큐멘터리는 정답이 아닌 힌트를 준다

나에게 투자 힌트를 준 다큐멘터리는 〈클락슨의 농장_{Clarkson's Farm}〉이었다. 처음에는 유명 자동차 평론가가 농부가 되어 벌이는 좌충우돌 코미디라고만 생각했다. 하지만 회차가 거듭될수록, 나는 웃음기 너머에 있는 현대 농업의 처절한 민낯과 마주하게 되었다.

한 사람이 아무리 밤새워 일해도 예측 불가능한 날씨, 끝없이 오르는 비용, 비효율적인 노동력 문제 앞에서는 속수무책이었다. 그 순간 나는 깨달았다. 이 모든 문제를 해결할 수 있는 유일한 방법은 '기술'뿐이라는 것을. 농부의 감과 경험이 아닌, 데이터와 자동화가 농사를 짓는 시대가 와야만 했다.

그리고 단 하나의 질문이 맴돌았다. "농부의 감과 경험이 아닌,

데이터와 기술이 농사를 짓는 시대가 온다면, 가장 핵심적인 회사는 어디일까?" 투자자의 뇌는 여기서부터 작동하기 시작한다. 나는 미래의 농업이 단순히 더 좋은 트랙터를 만드는 수준을 넘어, 인공위성 데이터와 AI를 이용해 씨앗 하나하나를 최적의 위치에 심고, 물과 비료를 정확히 필요한 만큼만 공급하는 '정밀 농업Precision Agriculture'의 시대가 될 것이라 확신했다.

나는 곧바로 관련 기업들을 파고들었고, 180년 역사의 낡은 트랙터 회사를 넘어, 자율주행 트랙터, 드론, 인공위성 GPS 기술을 결합하여 농업을 거대한 '데이터 플랫폼'으로 바꾸고 있는 존 디어Deere & Company'를 발견했다. 당시만 해도 대부분의 투자자들이 존 디어를 오래된 '농기계 회사'로만 여길 때, 나는 다큐멘터리를 통해 이 회사가 사실은 농업 분야의 데이터를 장악해나가는 가장 강력한 '기술주'이자 '구독 서비스 기업'으로 변모하고 있음을 보았다.

그 다큐멘터리는 내게 종목을 알려주지 않았다. 대신, 가장 오래되고 전통적인 산업 속에서 가장 파괴적인 기술 혁신이 일어나고 있음을 깨닫게 해주었다. 나는 그저 남들보다 조금 먼저, 그 미래의 일부를 샀을 뿐이다.

다른 세상을 받아들일 준비가 되었는가

투자를 한다는 건 결국 미래를 예측하는 일이다. 그 미래는 숫자 이전에 사람과 삶, 사회의 방향성에서 출발한다. 주가 차트나 재무제표가 보여주는 건 결과일 뿐, 그 결과를 만들어내는 원인은 사람들의 선택과 행동, 그리고 사회 구조의 변화다. 다큐멘터리는 그 '원인'을 보여준다. 그래서 다큐멘터리는 단순한 콘텐츠가 아니다. 그것은 '미래 시나리오 작성을 위한 살아있는 교재'이며, 때로는 우리가 전혀 생각지 못했던 시장의 출발점을 알려주는 가이드가 된다. 숫자가 움직이기 전에 세상이 어떻게 움직이는지를 볼 수 있는 훈련, 그것이 바로 다큐멘터리를 보는 이유다

우리는 하루에도 수십 개의 콘텐츠를 소비하며 시간을 보낸다. 그중 단 몇 편만이라도 다큐멘터리에 투자한다면, 당신은 누구보다 빠르게 세상의 밑바닥에서 일어나는 변화를 읽을 수 있을 것이다. 다큐멘터리를 습관처럼 본다는 것, 그건 단순한 콘텐츠 소비가 아니라 '미래 투자자'로서의 뇌 구조를 재편하는 행동이다. 세상을 넓게 보라. 다른 삶을 이해하라. 구조를 읽어라.

당신이 그리는 투자 시나리오의 깊이는 결국 당신이 얼마나 많은 '다른 세상'을 받아들일 수 있는가에 달려 있다. 사람은 자기가 살아본 환경의 경계 안에서만 세상을 인식한다. 하지만 미래는 언제나 그 경계 너머에서 온다. 현재 낯설게 느껴지는 소비 습관, 아직 상용화되지 않은 기술, 우리가 이해하지 못하는 문화적 변화들이 몇 년 뒤에는 전 세계의 표준이 되어 우리 삶을 바꾸곤 한다. 그러므로 당신이 진짜로 미래를 예측하고, 거기에 돈을 맡기는 투자자가 되고 싶다면 당신은 당신이 모르는 세계를 '의도적으로' 받아들일 수 있어야 한다.

20. 존 디어(Deere & Company, DE)

"AI와 데이터로 무장한 180년 역사의 농업 기술 리더"
존 디어는 세계 1위 농기계 제조사를 넘어, 농업의 모든 과정을 최적화하는 '기술 플랫폼' 기업으로 진화하고 있다. 자율주행, 인공위성, 데이터 분석을 결합한 '정밀 농업' 기술을 통해, 현대 농업이 마주한 비효율과 비용 문제를 해결하고 있다.

> **투자 난이도** ★★☆☆☆
> **기대 상승률** ★★★☆☆
> **투자 매력도** ★★★☆☆
> **이런 분께 추천해요** 안정성과 성장성을 동시에 추구하는 투자자

핵심 특징 및 투자 포인트

- **농업의 미래:** 존 디어의 핵심 기술은 데이터에 기반한 정밀 농업 솔루션이다. 자율주행 트랙터와 AI 기술 등을 통해 농업 생산성을 극대화하고 비용은 최소화하며, 이는 현대 농업이 나아갈 방향을 제시하는 가장 현실적인 대안이다.

- **하드웨어 판매를 넘어 구독 서비스로:** 존 디어는 트랙터를 한 번 팔고 끝내는 것이 아니라, 자율주행이나 데이터 분석 같은 첨단 기능을 '구독 서비스' 형태로 판매하기 시작했다. 이는 회사의 수익 구조를 안정적으로 바꾸며, 존 디어가 고수익 기술 기업으로 재평가받아야 하는 가장 강력한 이유다.

- **넘볼 수 없는 유통망과 브랜드 신뢰:** 전 세계에 촘촘히 깔린 존 디어의 딜러 및 서비스 네트워크는 신생 기업이 결코 따라올 수 없는 강력한 진입 장벽을 만든다. 농부에게 장비 고장은 생계와 직결되며, 언제 어디서든 신속한 지원을 받을 수 있다는 180년의 신뢰가 이들의 핵심 경쟁력이다.

투자 시 고려사항

존 디어의 가장 큰 리스크는 여전히 농업 경기에 따라 실적이 크게 좌우되는 '사이클' 산업이라는 점이다. 곡물 가격 하락이나 경기 침체기에는 직접적인 타격을 입을 수 있다.

일상 속 시그널을 놓치지 마라

투자는 우리와 멀리 떨어져 있지 않다. 그것은 바로 당신의 일상 속, 손을 뻗으면 닿을 수 있는 거리에 있다. 다만, 대부분의 사람들은 그 사실을 인식하지 못한다. 아침에 출근길에 서서 커피를 주문하고, 점심에 동료들과 밥을 먹고, 저녁에 헬스장에서 러닝머신을 밟는다. 똑같은 길을 걸으며, 똑같은 사람들과 마주치고, 똑같은 장면을 반복한다. 하지만 그 평범한 풍경 속에는, 누군가 이미 수백억의 기회를 심어 두었다. 그리고 소수의 사람들만이 그 시그널을 먼저 알아채고 움직인다.

그 차이는 결국 '보는 눈'에서 시작된다. 같은 장면을 보더라도 어떤 이는 그저 재미있는 순간으로 흘려보내고, 또 어떤 이는 돈의 흐름을 읽는 실마리로 받아들인다. 2016년, '불닭볶음면 챌린지'가

유튜브 전역을 뜨겁게 휩쓸었다. 해외 유튜버들이 불닭볶음면을 먹으며 땀을 쏟고, 얼굴을 일그러뜨리는 영상이 잇따라 올라왔고, 조회 수는 연이어 수백만을 넘어섰다. 댓글 창에는 "이건 미친 매운맛이야This is insanely spicy!"라는 반응이 폭발적으로 쏟아졌다.

대부분의 사람들은 그 영상을 보고 웃으며 넘겼다. 하지만 몇몇은 달랐다. 그들은 화면 속에서 '삼양이 글로벌에서 터지기 시작했다'는 신호를 읽었다. "이건 단순한 밈이 아니라, 글로벌 식품 시장에서 한국 브랜드가 자리 잡는 초기 단계일 수 있다"는 판단이었다.

그 예민한 감각을 가진 사람들은 그 순간, 당시 4만 원이 채 되지 않던 삼양식품의 이름을 포트폴리오 리스트에 올려놨다. 그리고 수년 뒤, 삼양식품의 주가가 160만 원을 돌파했을 때, 그 예민한 감각은 마침내 값진 보답을 받았다.

사소한 일상이 돈의 흐름을 바꾼다

시장은 아주 작고, 사적인, 그리고 사소해 보이는 일상 속에서 변화가 먼저 시작된다. 그렇기에 나는 매일 관찰한다. 식당에서, 길거리에서, 친구들과의 대화 속에서, 심지어 출퇴근길에 스치는 광고판과 카페 메뉴판에서도 변화를 찾는다. 새로운 제품, 낯선 브랜드, 기존과 다른 소비 습관이 눈에 띄면, 나는 습관적으로 그와 관련된 기업의 주가부터 검색한다. 주가 흐름과 거래량, 최근 뉴스, 그리고 그 회사가 속한 산업의 변화를 함께 살펴본다. 물론 내 귀에 들리고 내 눈에 보일 때쯤이면 이미 시장이 어느 정도 반영했을 가능성이 크다. 하지만 그럼에도 불구하고, 가끔은 투자의 힌트가 세상의 '너무 작은 부분'에서 시작된다는 사실을 체감하게 된다. 아주 작은 변화가 몇 년 뒤엔 수십조 원 시장의 물줄기를 바꾸는 경우가 있으니까.

이런 과정을 반복하다 보면, 당신의 일상은 그 자체로 시장의 조기 경보 시스템이 된다. 그래서 내가 당신에게 권하고 싶은 건 하나다. 세상을 다른 시선으로 바라보는 것. 매일 스치는 풍경이 단순한 배경이 아니라, 미래를 미리 보여주는 화면일 수 있다는 사실을 기억하는 것이다. 당신이 매일 마주하는 그 장면들은, 세계 최고 애널리스트의 보고서보다 빠르고, 현장감 있는 투자 데이터가 될 수 있다.

당신의 관찰을 미래로 확장하라

세상을 다르게 보기 시작했다면, 이제는 그 관찰을 당신만의 이야기로 확장해야 한다. 시그널을 감지하는 데 익숙해졌다면, 그다음 단계는 그 시그널의 '끝'을 상상하는 것이다. 지금 벌어지는 작은 변화가, 앞으로 5년, 10년 뒤 어떤 형태로 확장될 수 있을지를 그려보는 훈련 말이다. 이건 단순한 '찍기'나 '감'에 의존하는 예측이 아니다. 수많은 단서들을 모아, 시장이라는 거대한 퍼즐의 조각을 맞추어 나가는 과정이다. 과거 사례, 현재의 기술과 소비 트렌드, 그리고 규제나 사회 구조 변화까지 고려해 '가능성 있는 미래'를 입체적으로 상상하는 작업이다.

이런 시나리오를 적어보는 건 단순히 '재미있는 상상'으로 끝나지 않는다. 당신이 이런 생각을 습관처럼 반복할수록, 머릿속에 그려놓은 가능성의 지도는 점점 더 촘촘해진다. 그러다 어느 날, 뉴스에서 불현듯 그 시나리오의 '첫 장면'이 눈앞에 나타난다.

그 순간이 오면, 당신은 이미 다른 투자자들과는 전혀 다른 위치에 서 있다. 대부분은 그 변화를 '뒤늦게' 인식하고 반응하지만, 당신은 이미 그 변화의 맥락과 방향성을 머릿속에 완성해둔 상태다. 그때의 매수나 매도는 충동이 아니라, 계획의 실행이 된다. 이 차이가 장기적으로는 자산의 격차로 이어진다.

완벽한 투자는 거창한 비밀 회의실에서만 탄생하지 않는다. 카페의 신메뉴, 지하철 광고판의 신제품, 친구의 소비 습관 같은 작은 풍경 속에서 이미 조용히 시작되고 있다. 그리고 그 순간을 포착해 미래를 설계하는 사람이, 결국 시장에서 오래 살아남는다. 그러니 기억하라. 당신이 매일 쓰는 한 줄의 시나리오가, 언젠가는 당신의 계좌를 완전히 다른 차원으로 끌어올릴 수 있다는 것을.

21. 삼양식품(003230)

"라면을 넘어, K-컬처를 수출하는 콘텐츠 기업"
삼양식품은 국내 라면 제조사를 넘어, '불닭볶음면'이라는 강력한 콘텐츠 IP를 통해 전 세계 소비자의 문화를 뒤흔든 '글로벌 푸드테크' 기업이다. 이들은 단순한 식품이 아닌 '챌린지'라는 놀이 문화를 설계하고 수출하며, SNS 시대에 광고비 없이 소비자가 직접 마케터가 되는 바이럴 신화를 창조했다.

투자 난이도 ★★☆☆☆
기대 상승률 ★★☆☆☆
투자 매력도 ★★☆☆☆
이런 분께 추천해요 일상 속 문화 현상에서 거대한 트렌드를 읽어내는 관찰형 투자자

핵심 특징 및 투자 포인트

- **제품이 아닌 '콘텐츠'를 파는 비즈니스 모델:** 삼양식품의 핵심은 맛있는 라면을 만드는 것을 넘어, 그 자체가 '놀이'가 되는 콘텐츠를 설계했다는 데 있다.

- **'스코빌 지수'를 활용한 압도적 브랜드 파워:** 삼양은 '매운맛'이라는 주관적 미각을 스코빌 지수라는 객관적 숫자로 바꿔, 소비자들이 마치 게임처럼 더 높은 단계에 도전하게 만들었다. 경쟁사가 모방할 수 없는 강력한 오리지널리티를 구축했으며, '불닭'을 단순 식품이 아닌 하나의 문화적 아이콘으로 만들었다.

- **숫자로 증명된 폭발적인 글로벌 성장:** '불닭 챌린지'는 실제 폭발적인 실적 성장으로 이어졌다. 전체 매출에서 수출 비중이 70%를 넘어서며 완벽한 글로벌 기업으로 탈바꿈했고, 이는 주가 40배 상승이라는 경이로운 결과로 증명되었다.

투자 시 고려사항

삼양식품의 가장 큰 리스크는 '불닭'이라는 단일 브랜드에 대한 높은 의존도다. 글로벌 트렌드가 변화하거나 강력한 경쟁자가 등장할 경우 성장세가 둔화될 수 있다. 또한, 이미 주가가 단기간에 폭등하여 밸류에이션 부담이 존재하며, 주요 수출국의 환율 변동이나 정치적 리스크도 잠재적 변수다.

수익을 놓쳐도 원칙은 잃지 마라

내가 투자에서 가장 강조하는 전략은 바로 '원칙에 의거한 매매'다. 시장이 폭등하든 폭락하든, 혹은 내 감정이 불안정하든 상관없이 오직 내가 세운 기준에 따라 움직이는 투자. 어쩌면 이 말은 조금 딱딱하고 비인간적으로 들릴 수도 있다. '사람이 어떻게 기계처럼 투자하냐'고 반문할 수도 있다.

하지만 진짜 실력을 갖춘 투자자란, 시장을 예측하는 사람이 아니라 자기 감정을 통제할 수 있는 사람이다. 그리고 그 통제를 가능하게 해주는 유일한 방법이 바로 투자의 '습관'을 갖추는 것이다. 원칙을 안다고 지켜지는 게 아니다. 원칙은 아무리 잘 써놓아도, 감정 앞에서는 무너진다. 두려움이 몰려올 때, 욕심이 치솟을 때, 우리는 반드시 흔들린다. 그렇기 때문에 나는 원칙 위에 습관을 쌓는다.

수익은 순간이지만, 습관은 자산이다

투자로 수십억 원의 수익을 거둔 뒤, 특정 종목이 단기간에 급등하면 내게 쏟아지는 질문은 다양하지만 한결 같다. DM으로, 카카오톡으로, 심지어 모임에서 술자리 안주처럼 쏟아진다.

"형, 이거 지금이라도 들어가면 늦지 않았지?"

"진짜 올라갈 것 같던데, 100만 원만 넣어볼까?"

"유튜브에서 무슨 전문가가 지금 꼭 사라고 하더라고."

사람들은 마치 초조한 눈빛으로 나에게 '확신'을 구한다. 이미 마음은 반쯤 사기로 굳혀졌는데, 누군가 한마디만 "괜찮아" 해주길 바란다. 그럴 때마다 내 대답은 항상 같다.

"지금 사도 오를 거야. 그런데 투자는 습관이라 지금은 안 사는 게 좋아." 그렇게 말하면 사람들은 고개를 갸웃한다. 지금 당장 돈을 벌 수 있는 기회를 왜 마다하냐고. 그러나 나는 오히려 그 사고방식이 가장 위험하다고 본다. 투자라는 게임에서 가장 무서운 적은 '수익에 대한 중독'이다. 우리는 쉽게 착각한다. 한 번의 수익이 나의 실력이라 믿고, 다음번에도 같은 방식으로 수익이 날 거라 확신한다.

그러나 시장은 절대 그렇게 호락호락하지 않다. 그 순간의 운과 우연에 기대어 수익을 낸 사람은 다음 하락장에서 모든 걸 잃고 무너진다. 나도 마찬가지였다. 투자 초창기, 특히 2020년 총선을 앞두고 나는 가장 위험한 게임에 빠져들었다. 바로 '정치 테마주' 단타 매매였다.

처음 몇 번의 성공은 너무나 달콤했다. 아침에 일어나 여론조사 지지율을 확인하고, 오를 것 같은 후보의 관련주를 사서 다음 날 파는 행위는 나에게 짜릿한 수익을 안겨주었다. 그 순간, 나는 기업을 분석하는 복잡한 과정 따위는 필요 없다고 착각했다. 지지율이라는 단순한 숫자 하나가 모든 것을 해결해주는 것만 같았다.

문제는 그다음부터였다. 그 우연한 성공은 나의 뇌에 위험한 '습관'을 새겨 넣었다. 매일 아침 눈을 뜨면 나도 모르게 지지율을 확인하고, 관련 종목의 호가창을 켜는 것이 당연한 하루의 루틴이 되었다. 투자는 더 이상 이성적인 판단의 영역이 아니었다. '어제도 올랐으니 오늘도 오르겠지'라는 막연한 기대감, '이걸 사지 않으면 나만 손해 본다'는 조급함이 모든 것을 결정하는, 무서운 습관의 노예가 되어버린 것이다.

결국 선거가 끝나자 모든 것은 무너져 내렸다. 하지만 잃어버린 돈보다 더 뼈아팠던 것은, 그 몇 달간 내 몸에 완전히 배어버린 이 투기적인 습관이었다. 나는 감정을 중시하는 F 성향의 사람이다. 그런 나에게 논리 없이 감정에만 의존하는 투자가 얼마나 치명적인 독인지, 내 계좌와 망가진 투자습관을 보며 비로소 깨달았다.

원칙을 벗어난 수익은 마이너스다

그날 이후, 나는 나의 가장 큰 약점인 '감정'을, 가장 강력한 '원칙'으로 덮어버리기로 결심했다.

- 내가 남에게 설명할 수 없는 것에는 투자하지 않는다.

- 최소 1년 이상 동행할 수 없는 기업과는 시작도 하지 않는다.

- 시장이 열광하는 날이 아니라, 조용한 날에 천천히 매수한다.

이 세 가지는 나의 철칙이다. 이 원칙들을 지키느라 눈앞의 대박을 놓친 적도 많다. 하지만 돌이켜보면, 수익을 놓친 것보다 훨씬 더 큰 위기에서 나를 지켜준 것 또한 바로 이 원칙들이었다.

한번은 내가 확신했던 종목이 매수하기 전 폭등을 시작하던 때였다. 나의 분석은 완벽했고, 온갖 호재가 쏟아지며 시장은 그야말로 축제 분위기였다. 나는 그 순간, 진지하게 대출까지 고민했다. '이번 한 번만 원칙을 어기면 엄청난 돈을 벌 수 있다'는 악마의 속삭임이 머릿속을 맴돌았다.

하지만 바로 그때, 더 크고 중요한 질문이 나의 머리를 쳤다. "그렇게 번 돈은 과연 진짜 내 것일까?" 원칙을 어겨서 얻는 수익은 당장은 달콤하지만, 결국 내 투자 인생 전체를 병들게 하는 독이 된다. 한 번의 예외는 다음번의 더 쉬운 자기 합리화를 낳고("그때도 괜찮았잖아"), 결국 감정적인 매매를 반복하게 만든다.

감정에 기댄 투자의 끝은 '운'에 의지하는 것뿐이다. 운으로 번 돈은 실력이 아니기에 재현되지 않으며, 반드시 더 큰 불운으로 돌아온다. 그래서 나는 그날 매수 버튼을 누르지 않았다. 단기적인 대박의 유혹보다, 나의 투자 인생 전체를 지키는 것이 훨씬 더 중요했기 때문이다.

나는 투자의 세계를 놀이공원에 비유한다. 매일 아드레날린이

솟구치는 기회들이 손짓하지만, 이 아찔한 놀이기구를 끝까지 즐길 수 있는 사람은 단단한 '안전벨트'를 맨 사람뿐이다. 나에게 그 안전벨트는, 수많은 실수를 거치며 단단하게 다져온 나의 원칙과 습관이었다.

결국 투자라는 긴 여정은 '한 방'을 노리는 게임이 아니라, 손실을 피하며 끝까지 살아남는 자가 이기는 게임이다. 시장은 반드시 그에 합당한 보상을 안겨준다. 하지만 그 보상은 잠시 스쳐 가는 단기 수익률을 좇는 모험가가 아니라, 지루할 만큼 자신의 원칙과 습관을 지켜낸 생존자에게만 주어진다. 오늘도 나의 계좌를 지키는 것은 거창한 예측이나 화려한 기법이 아닌, 그저 묵묵히 반복하는 나의 원칙과 습관이다.

22. 정치 테마주

"기업의 가치가 아닌, 군중의 심리에 베팅하는 위험한 게임"
정치 테마주는 특정 정치인과 학연, 지연 등 아주 얇은 연결고리를 가진 기업의 주식을 의미한다. 주로 총선이나 대선과 같은 대규모 선거철을 중심으로 나타나며, 짧은 기간 동안 시장의 모든 관심을 빨아들이는 특징을 가진다.

> **투자 난이도** ★★★★★
> **기대 상승률** ☆☆☆☆☆
> **투자 매력도** ☆☆☆☆☆
> **이런 분께 추천해요** 수익뿐 아니라 당신의 인생까지 망가뜨리고 싶은 분

핵심 특징 및 투자 포인트(투자를 유혹하는 요인)

- **극도로 단순한 투자 논리:** 'A 후보의 지지율이 오르면 A 관련주가 오른다'는, 복잡한 분석이 전혀 필요 없는 단순하고 명쾌한 논리를 가진다. 이는 기업 분석에 어려움을 느끼는 초보 투자자들에게 매우 매력적으로 다가온다.

- **폭발적인 단기 변동성:** 단 며칠, 혹은 하루 만에도 수십 퍼센트의 비상식적인 급등을 보여준다. 이러한 폭발적인 변동성은 투자자들에게 단기간에 큰돈을 벌 수 있다는 강력한 환상을 심어주며, 이성적인 판단을 마비시키는 요인이 된다.

- **예측 가능하다는 착각:** 지지율 여론조사, 후보의 출마 선언 등 정치 일정에 따라 주가의 움직임을 예측할 수 있다는 착각을 불러일으킨다. 투자자들은 자신이 시장보다 한 발 앞서 정보를 파악하고 있다고 믿게 되지만, 실제로는 세력의 움직임에 이용당하는 경우가 대부분이다.

투자 시 고려사항

정치 테마주는 기업의 가치(펀더멘털)와 주가가 완전히 분리된, 신기루와 같은 투기성 자산이다. 모든 주가의 상승은 오직 '선거'라는 단 하나의 이벤트에 대한 기대감으로만 이루어져 있기 때문에, 선거가 끝나면 아무런 이유 없이 원래의 자리, 혹은 그 이하로 폭락한다.

작은 보상으로 지속력을 설계하라

지금까지 얘기한 원칙들을 성실히 지켜왔다면, 어느 순간부터 계좌에 수익이 조금씩 쌓이기 시작했을 것이다. 처음에는 5%, 어느 날은 10%, 그리고 가끔은 예기치 않게 50% 이상의 수익이 찍히는 날이 온다. 화면 속 수익을 보는 순간, 가슴이 뛴다. 이런 감정은 전혀 이상한 것이 아니다. 오히려 정상적인 반응이다.

투자를 통해 번 돈은 노동으로 번 돈보다 훨씬 더 강한 쾌감을 준다. 이유는 단순하다. 불확실성을 감수하고, 누구의 지시도 받지 않은 채 스스로 판단하여 자본을 투입했고, 그 결과가 눈에 보이는 성과로 돌아왔기 때문이다. 그 과정에서 느끼는 성취감은 월급날의 안정적인 기쁨과는 다른 차원의 감정이다.

하지만 바로 그 순간, 당신은 다시 하나의 갈림길에 서게 된다. 지금 이 수익을 실현할 것인가, 아니면 끝까지 보유하며 더 큰 그림을 그릴 것인가. 이는 표면적으로는 전략의 문제처럼 보인다. 그러나 더 깊이 들어가면, 사실은 목표의 문제다. 우리는 한 달 용돈이나 월급 한 번치 수익을 얻기 위해 시장에 들어온 것이 아니다.

그 정도의 목표였다면, 차라리 커리어를 개발하고 전문성을 높여 연봉을 올리는 편이 훨씬 효율적이고 확실하다. 투자의 본질적인 목적은 삶을 바꾸는 것이다. 인생의 구조를 바꾸고, 자산의 레벨을 바꾸며, 재정적 자유라는 궤도로 올라서기 위해서다. 그러기 위해서는 단기적인 만족감보다, 장기적인 그림을 우선시해야 한다.

그렇기에 우리는 2배, 5배, 10배로 불어날 가능성이 있는 자산을 찾아 긴 시간 동안 보유해야 한다. 버티고, 기다리고, 또 버텨야 한다. 하지만 그 과정은 지독하게 지루하다. 당신이 1년 동안 단 한 번의 매도 없이 기다리는 동안, 어떤 이는 차를 바꾸고, 누군가는 시계를 사고, 또 다른 누군가는 소셜 미디어에 여행 사진을 올린다. 그 모습을 볼 때마다 뇌는 비교를 시작한다.

"나는 왜 아무 보상도 받지 못하는가?"

"내가 하고 있는 방식이 맞는 걸까?"

이런 의문은 단순한 생각에서 끝나지 않는다. 장기투자의 확신을 조금씩 갉아먹고, 결국 계획을 무너뜨릴 유혹으로 변한다.

뇌는 구조적으로 보상을 원한다. 노력과 시간이 투입되었는데 아무런 보상이 없으면, 학습을 멈추고 의욕을 상실한다. 특히 장기투자처럼 눈에 띄는 변화가 드물고, 성과가 수년 뒤에야 나타나는 전략에서는 이 문제가 더 심각하다. 단순히 욕망을 억누르는 방식으로는 오래 버티기 어렵다. 억눌린 욕망은 어느 순간 폭발하고, 충동적이고 후회스러운 결정을 만들기 때문이다.

그래서 나는 제안한다.

소액의 수익 실현을 통해 작은 보상을 설계하라.

단, 이 전략에는 철저한 절제가 필요하다. 작은 보상은 투자 여정을 길게 가져가기 위한 '연료'이지, 애써 얻은 수익을 태워 없애는 '불꽃놀이'가 되어서는 안 된다. 예를 들어, 1,000만 원의 수익이 났다면, 그중 5%를 넘지 않는 소액으로만 보상을 설계하는 식이다. 이 선을 넘는 순간 보상은 동기부여가 아닌 단순 소비로 변질되고, 한번 흐트러진 투자 원칙은 다시 바로잡기 어렵다.

이처럼 절제된 보상은 뇌과학적으로 매우 효과적인 동기부여 장치로 작동한다. '나의 원칙이 수익으로 이어졌고, 그 결과로 이런 기쁨을 얻었다'는 긍정적인 경험이 뇌에 각인되는 것이다. 이 명확한 신호가 있었기에, 나는 3배, 5배, 10배의 수익을 향한 지루한 여정도 기꺼이 견뎌낼 수 있었다. 결국 작은 보상은 단순한 소비가 아니다. 그것은 장기투자의 가장 큰 적인 '조급함'과 '지루함'을 다스리고, 시장에서 더 오래 버티게 만드는 가장 강력하고 현실적인 도구다.

뇌가 작은 승리를 경험하게 하라

나는 이 원칙을 나만의 방식으로 적용했다. 코로나 팬데믹 이후 '넥스트 차이나'가 될 인도의 성장성에 베팅하며 '아이셰어즈 MSCI 인도 ETF'를 꾸준히 모으기 시작했고, 동시에 "수익률 +10% 인센티브"라는 나만의 보상 규칙을 세웠다.

원칙은 간단했다. INDA의 평가 수익률이 +10%를 달성할 때마다, 나는 전체 수익금 중 아주 일부(5% 미만)만 분할 매도하여 현금화했다. 첫 10% 수익의 일부로는 평소 사고 싶었던 셔츠를 샀고, 그 다음 수익률 20%를 달성했을 때는 오랫동안 가고 싶었던 레스토랑에서 한 끼를 즐겼다. 30%가 넘었을 땐 부모님께 작은 선물을 드리며 대화를 나누는 시간을 가졌다. 각각의 보상은 금액적으로는 크지 않았지만, 그로 인한 정신적 만족감과 여운은 그 무엇보다 컸다.

이러한 작은 승리의 경험은 '기다림의 끝에는 보상이 있다'는 긍정적인 신호를 내 뇌에 각인시켰다. 한 번의 보상이 다음번 기다림을 가능하게 만들고, 그 기다림이 또 다른 보상으로 이어지는 선순환이 만들어졌다. 이렇게 몸이 기억하는 긍정적 경험이 쌓이면서, 나의 장기투자는 더 이상 의지력에만 기대는 고된 인내가 아니라, 자연스러운 '습관'이 되어갔다.

그 습관이야말로 당신의 장기투자를 지탱하는 가장 강력한 토대다. 신념은 당신이 어디로 가야 하는지 방향을 정해준다. 그러나 방향만 알고 있다고 그 길을 완주할 수 있는 것은 아니다. 작은 보상은 그 길을 끝까지 걷게 만드는 연료다. 그리고 장기투자의 세계에서 끝까지 걷는 자만이, 도착지에 서서 결과를 누릴 수 있다.

23. 아이셰어즈 MSCI 인도 ETF(iShares MSCI India ETF, INDA)

"세계의 공장에서 '넥스트 차이나'로, 인도의 성장에 올라타는 가장 확실한 방법"
INDA는 세계 최대 자산운용사 블랙록(BlackRock)이 운용하는, 인도 주식 시장에 분산 투자하는 가장 대표적인 ETF다. 인도 증시에 상장된 대형주와 중형주 80여 개를 바구니에 담아 인도 경제 전체의 성장을 따라가도록 설계되었다. 이 ETF 하나를 사는 것만으로, 개인 투자자는 '넥스트 차이나'로 불리는 인도의 거대한 잠재력에 가장 쉽고 안전하게 투자할 수 있다.

> **투자 난이도** ★★☆☆☆
> **기대 상승률** ★★★☆☆
> **투자 매력도** ★★★☆☆
> **이런 분께 추천해요** 미국 중심의 포트폴리오를 다각화하고, '넥스트 차이나' 인도의 장기적인 구조적 성장에 투자하고 싶은 투자자

핵심 특징 및 투자 포인트

- **14억 인구가 이끄는 압도적인 성장 잠재력:** 인도 투자의 가장 핵심적인 근거는 세계 1위로 올라선 인구와 젊음이다. 수십 년간 세계 경제를 이끌었던 중국이 고령화 문제에 직면한 것과 달리, 인도는 압도적으로 젊은 인구 구조를 가지고 있다. 이는 앞으로 수십 년간 강력한 내수 소비와 생산 활동을 이끌어 갈 가장 확실한 성장 동력이다.

- **미-중 갈등의 반사 이익, '세계의 공장' 이전:** 미국과 중국의 갈등이 심화되면서, 전 세계 기업들은 중국을 대체할 새로운 생산 기지를 찾아 나섰다. 인도는 거대한 내수 시장과 풍부한 노동력을 바탕으로 '포스트 차이나' 시대의 가장 유력한 대안으로 떠오르고 있다. 애플을 비롯한 글로벌 기업들의 생산 기지가 인도로 이전하면서, 인도는 새로운 '세계의 공장'으로 변모하고 있다.

- **불확실한 신흥국 투자의 가장 현명한 대안:** 신흥국 개별 기업 투자는 정보의 비대칭성과 예측 불가능한 리스크가 크다. INDA는 블랙록이 검증한 인도의 대표 우량 기업들(금융, 기술, 소비재 등)에 자동적으로 분산 투자해주기 때문에, 개별 기업 리스크 없이 인도라는 국가 자체의 성장에 가장 안전하고 현명하게 투자할 수 있다.

투자 시 고려사항

가장 큰 리스크는 환율 변동이다. 한국 투자자는 원화-달러-루피화로 이어지는 3중 환율에 노출되며, 인도 루피화의 가치가 하락할 경우 주가가 올라도 전체 수익률이 감소할 수 있다. 또한, 인도는 높은 잠재력만큼이나 여전히 관료주의, 부족한 인프라 등 신흥국 특유의 정치·경제적 변동성 리스크를 안고 있다는 점도 고려해야 한다.

이제는 돈 벌 시간, 기술 활용:

PART 4

나 자신을 알면, 종목이 보인다

이제 우리는 마지막 단계에 도착했다. 앞선 세 단계, 마인드 → 기본기 → 투자습관을 거치며 당신은 이미 투자자로서의 기초 체력과 정체성을 모두 갖췄다. 여기까지 왔다는 것은 단순한 이론을 넘어, 투자자로서 스스로 바로 설 수 있는 기반을 마련했다는 뜻이다. 이제 필요한 것은 그 모든 토대를 실제로 작동시키는 힘이다. 기술은 바로 그 역할을 맡는다. 원칙을 현실의 매매로 전환하고, 철학을 계좌 속 수익으로 연결하는 것. 그것이 기술의 본질이다.

시장은 언제나 수많은 종목을 쏟아낸다. 매일 새로운 테마가 등장하고, 수많은 이름이 투자자를 유혹한다. 그러나 실제로 선택해야 할 종목은 극히 일부에 불과하다. 모든 종목을 쫓는 것은 곧 집중력을 잃는 것이고, 원칙을 허무는 지름길이다. 기술은 그 혼란 속에서 불필요한 것들을 걸어내고, 반드시 보유해야 할 소수의 종목을 남기는 과정에서 빛을 발한다. 투자 난이도가 낮고, 실패 위험이 적으며, 장기적으로 안정적인 수익을 가져다 줄 종목. 바로 그런 종목만을 추려내는 것이 종목 선정 기술의 핵심이다. 이번 장에서는 투자 단계에 맞춰 종목을 선별하는 절차를 구체적으로 다룰 것이다.

매수와 매도 또한 마찬가지다. 기술이 없다면 매수는 충동이 되고, 매도는 공포가 된다. 많은 이들이 급등 뉴스에 반응해 뒤늦게 뛰어들고, 하락장의 공포에 떠밀려 서둘러 손절한다. 그러나 원칙이 기술과 결합하면 이야기가 달라진다. 진입과 엑시트는 더 이상 감정의 산물이 아니라, 사전에 준비된 시나리오가 된다. 언제 시장에 진입하고, 어떤 비중으로 분할하며, 무슨 조건에서 매도할지를 미리 규정하는 것. 그것이 기술의 본질이다. 투자자는 이 규칙을 통해 불필요한 불안을 걸어내고, 확률이 높은 자리에서만 움직일 수 있다.

이 챕터에서 다룰 기술들은 앞서 다져온 마인드·기본기·습관과 긴밀히 이어져 있다. 마인드는 시장의 소음 속에서도 흔들리지 않는 중심을 세워주었고, 기본기는 추상적 신념을 실제 원칙으로 바꾸었으며, 습관은 그 원칙을 일상 속에서 반복하게 했다. 기술은 이세 가지를 하나로 묶어 현실에서 작동하게 하는 구조다. 앞 챕터까지의 내용이 투자에 대한 개념이었다면, 이번 챕터는 그것을 실제로 적용하는 기출문제의 답안지가 될 것이다.

원한다면 이번 챕터의 내용을 그대로 따라 해도 무방하다. 하지만 거기서 멈추지 마라. 이 과정을 그대로 모방해도 만족할 만한 성과가 나오겠지만, 그것을 발전시켜 나만의 방식으로 다듬는다면 훨씬 더 크게 성장할 수 있다. 왜 이 종목이어야만 하는지, 왜 이 원칙이 도움이 되는지 끊임없이 스스로에게 물어라.

이 과정을 내 것으로 만들고, 당신의 투자 성향과 철학에 맞춰서 바꿔 적용한다면 그것이야말로 최고의 기술이 된다. 답안지를 베끼는 데서 끝나는 것이 아니라, 그 답안을 토대로 자신의 해설을 붙이고, 자신의 언어로 다시 쓰는 것이다. 그때 비로소 당신의 투자 기술은 완성된다. 종목보다, 타이밍보다 중요한 것은 결국 자신만의 기준을 세우고 그것을 지켜내는가 하는 문제다.

나는 확신한다. 그렇게 된다면 당신은 나보다 훨씬 더 완성도 있는 투자를 이뤄낼 것이다. 그리고 훨씬 더 큰 부자가 될 것이다. 나에게는 이 길을 가르쳐 준 이가 없었다. 하지만 당신은 이 장을 통해, 스스로를 단련하고 시장을 이길 수 있는 마지막 도구를 손에 쥐게 될 것이다.

투자는 어렵지 않다. 다만 단계가 있을 뿐이다. 당신이 지금 어느 단계에 서 있는지를 먼저 파악하라. 그것이 출발점이다. 자신을 과대평가하지도, 과소평가하지도 말고 냉정하게 위치를 확인하라. 그리고 그 단계에 맞는 종목을 고르는 것, 그것이야말로 올바른 난이도의 게임에 참여하는 방법이다. 투자는 누구에게나 동일한 판이 열려 있는 듯 보이지만, 사실은 각자의 수준에 맞는 룰이 존재한다.

단계	실력	기간	누적수익	매수 필요종목	기대수익률
1단계	주린이	0~1년	0%	안정적 ETF	-10~+10%
2단계	초보	1~n년	-100~0%	매그니피센트 7	-30~+30%
3단계	중수	1~5년	+30~100%	관심섹터 대장주	-50~+100%
4단계	고수	5~n년	+100%~	넥스트 버블	-100~+∞

위의 표는 단순한 나열이 아니다. 투자 기간과 누적 수익에 따라 당신이 어디에 서 있는지를 보여주는 지도이자, 각 단계에서 다뤄야 할 종목의 좌표다. 표에서 드러나듯, 단계별로 선택해야 할 종목은 이미 분명히 정해져 있다. 문제는 당신이 자신의 위치를 제대로 알지 못하거나, 욕망에 이끌려 더 높은 단계를 흉내 내려 한다는 데 있다. 많은 사람들이 '기대 수익률'이라는 환상에 사로잡혀 아직 감당할 수 없는 종목을 고른다.

그러나 그것은 곧 무한대의 리스크를 떠안는 선택이며, 투자 여정에서 가장 치명적인 실수다. 당신이 해야 할 일은 단순하다. 지금의 자리를 정확히 인정하고, 그 자리에 맞는 종목만을 선택하는 것이다. 그 순간부터 위험은 줄어들고, 다음 단계로 건너갈 발판이 놓인다. 이제 우리는 왜 각 단계마다 해당 종목을 선택해야 하는지, 그리고 그 종목이 구체적으로 무엇인지 살펴볼 것이다.

1단계: 주린이를 위한 최적의 상품, ETF

투자를 시작한 첫해, 우리는 무엇을 얻어야 할까? 수익일까, 화려한 투자 실력일까, 아니면 시장을 꿰뚫는 통찰일까. 모두 아니다. 가장 먼저 길러야 할 것은 돈을 대하는 태도다. 돈을 단순히 쓰고 모으는 대상으로 보는 것이 아니라, 자는 동안에도 스스로 일하는 존재라는 사실을 몸 깊이 새기는 것. 이것이야말로 투자의 첫 번째 수확이다.

그런 의미에서 ETF(특정지수나 섹터를 추종하도록 설계된 상품)는 투자를 시작하는 이에게 최적화된 도구다. ETF는 특정 지수(S&P 500, 나스닥100 등)나 섹터, 자산군(채권, 원자재 등)을 추종하도록 설계된 상품이다. 주식처럼 거래소에 상장되어 있어 언제든 사고팔 수 있다. ETF는 지나치게 큰 위험을 짊어지지 않으면서도, 시간이 지날수록 수익이 서서히 쌓여가는 과정을 보여준다.

특히 장기간에 걸쳐 꾸준히 우상향하는 ETF를 매수하고 보유할 때, 투자자는 "돈이 일하는 감각"을 몸으로 체험한다. 단기적인 등락에 흔들리지 않고, 시장 전체가 장기적으로 성장한다는 사실을 직접 확인하는 것이다. 복리의 힘이란 바로 이 지속적인 상승의 흐름 속에서 비로소 체득된다.

ETF는 투자 공부의 출발점이다. 지수를 따라가기만 하는 상품에서 멈추지 않는다. 투자자는 ETF 안에 어떤 기업이 어떤 비중으로 편입되어 있는지를 하나씩 들여다보게 되고, 그 과정에서 "이 회사는 무슨 일을 하는가?", "어떤 산업 구조 속에서 성장하는가?", "왜 이 시점에서 시장의 주목을 받는가?"라는 질문을 스스로 던지게 된다.

작은 호기심이 쌓이면, 어느새 산업의 흐름과 기업의 전략까지 눈을 돌리게 된다. ETF는 단일 종목에 매몰되기 전에, 투자자가 위험을 최소화한 울타리 안에서 시장 전체를 탐험할 수 있는 훈련장이 된다. 종목의 평균수익률과 연간분배율을 볼 때, 분배율은 투자 원금 대비 현금 흐름을 얼마나 창출하는지를 백분율로 나타내는 지표로, 주가 상승분까지 포함하는 총수익률과는 구분되니 참고하기 바란다. 분배율은 ETF나 펀드 등 특정 투자 상품이 지급하는 연간 분배금(배당금, 이자 등)을 현재 주가로 나눈 값이다.

투자의 시작은 습관을 결정짓는다. 단타로 시작한 이는 단타에 갇히고, 국내주식만 바라본 이는 해외시장을 외면한다. 그러나 ETF는 시야를 좁히지 않는다. 오히려 세계 곳곳의 기업과 섹터를 경험

하게 하고, 투자의 지평을 넓혀준다. 그래서 첫걸음일수록 ETF여
야 한다. 그것이 당신을 다음 단계로 인도할 가장 안전하고도 확실
한 길이다. 여러분들이 안전하게 매수를 시작할 만한 종목은 아래
와 같다.

ETF NO.1 SPY(SPDR S&P 500 ETF)

미국 S&P 500 지수를 추종하는 가장 오래되고 유동성이 높은 ETF. 미국 대형주
500개에 분산 투자하여 시장 전체의 흐름을 반영한다.

최근 5년간 연간 평균수익률: 약 14.6%/년

대표 기업

애플(Apple), 마이크로소프트(Microsoft), 아마존(Amazon), 엔비디아(NVIDIA), 알파벳
(Alphabet)

핵심 특징

- 미국 시장 전체의 성장성과 함께 안정적인 수익의 기준점 역할을 함
- 변동성 높은 개별주보다 스트레스 관리가 쉬움
- 포트폴리오의 핵심 뼈대로 사용할 수 있으며, 장기 보유 시 복리 효과가 누적됨

미국 전체 주식 시장(대형, 중형, 소형주)을 아우르는 ETF. 미국 경제 전체의 성장에 투자하고 싶을 때 적합하다.

최근 5년간 연간 평균수익률: 약 15.3%/년

대표 기업

버크셔 해서웨이(Berkshire Hathaway), **유나이티드헬스 그룹**(UnitedHealth Group), **존슨앤드존슨**(Johnson & Johnson), **JP모건 체이스**(JPMorgan Chase), **테슬라**(Tesla)

핵심 특징

- 미국 시장 전체를 넓게 분산 투자하는 효과
- S&P 500에 비해 중소형주 섹터의 성장 기회도 함께 포착할 수 있음
- 미국 경제의 장기적인 성장을 가장 폭넓게 반영하는 상품

나스닥 100 지수를 추종하는 ETF. 금융주를 제외한 기술, 소비재 등 대형 성장주에 집중적으로 투자한다.

최근 5년간 연간 평균수익률: 약 14.8%/년

대표 기업

메타 플랫폼스(Meta Platforms), **브로드컴**(Broadcom), **코스트코 홀세일**(Costco Wholesale), **어도비**(Adobe), **넷플릭스**(Netflix)

핵심 특징

- 성장성이 높은 빅테크 기업에 집중적으로 투자하여 높은 수익률을 기대할 수 있음
- 혁신 기술과 미래 산업 동향을 학습하는 데 유용
- 변동성이 크지만, 공격적인 성향의 투자자에게 매력적

미국에 상장된 반도체 관련 기업들에 투자하는 ETF. 반도체 설계, 장비, 파운드리 등 산업 전반에 분산 투자한다.

최근 5년간 연간 평균수익률: 약 22.5%/년

대표 기업

엔비디아(NVIDIA), **브로드컴**(Broadcom), **퀄컴**(Qualcomm), AMD(Advanced Micro Devices), **인텔**(Intel)

핵심 특징

- AI, 자율주행, 클라우드 등 미래 기술의 핵심인 반도체 산업에 집중 투자
- 개별 기업의 리스크를 줄이며 산업 성장에 함께할 수 있음
- 높은 성장성을 추구하는 포트폴리오의 보조 수단으로 활용 가능

전 세계 모든 주식 시장을 추종하는 ETF. 미국뿐만 아니라 유럽, 아시아 등 전 세계 기업에 분산 투자한다.

최근 5년간 연간 평균수익률: 약 13.3%/년

대표 기업

TSMC(Taiwan Semiconductor Manufacturing Company), **삼성전자**(Samsung Electronics), **엑슨 모빌**(Exxon Mobil), **노보 노디스크**(Novo Nordisk), LVMH(LVMH Moët Hennessy Louis Vuitton)

핵심 특징

- 전 세계 시장에 걸쳐 포트폴리오를 구성하여 지역 편중 위험을 최소화
- 글로벌 경제 성장을 균등하게 누리고 싶은 투자자에게 적합
- 투자 결정에 대한 스트레스를 줄이고 장기적으로 안정적인 성장을 추구

금 현물 가격을 추종하는 ETF. 인플레이션 헷지 및 안전 자산 역할을 하는 대표적인 상품이다.

최근 5년간 연간 평균수익률: 약 7.1%/년

대표 기업

해당 없음(실물 금에 투자하는 상품으로, 특정 기업에 투자하지 않는다.)

핵심 특징

- 주식 시장의 하락기나 경제 불확실성이 커질 때 포트폴리오의 안전판 역할
- 인플레이션으로 인해 화폐 가치가 하락할 때 자산 가치를 보존하는 수단
- 실물 금을 직접 보유하는 것보다 훨씬 편리하고 저렴하게 투자 가능

미국 러셀 1000 지수 내의 대형 성장주에 투자하는 ETF. 혁신 기업의 성장 잠재력에 집중한다.

최근 5년간 연간 평균수익률: 약 15.6%/년

대표 기업

일라이 릴리 앤드 컴퍼니(Eli Lilly and Company), 비자(Visa), 세일즈포스(Salesforce), 팔로알토 네트웍스(Palo Alto Networks), 어드밴스드 마이크로 디바이시스(Advanced Micro Devices)

핵심 특징

- 미국 대형 성장주에 분산 투자하여 높은 성장 기회를 포착
- 미래를 이끌어갈 기술 및 혁신 기업에 집중 노출
- 변동성이 크지만, 공격적인 성향의 투자자에게 적합

ETF NO.8   SCHD(Schwab U.S. Dividend Equity ETF)

지속적인 배당 성장을 보여주는 미국 기업 100개에 투자하는 ETF. 안정적인 현금 흐름을 목표로 한다.

최근 5년간 연간 평균수익률: 약 11.8%/년(Schwab 기준)

연간 분배율: 약 3.5%(최근 기준, 주가와 분배금에 따라 변동)

대표 기업

암젠(Amgen), 버라이즌(Verizon), 브로드컴(Broadcom), 시스코 시스템즈(Cisco Systems), 코카콜라(Coca-Cola)

핵심 특징

- 주가 상승과 함께 배당금으로 꾸준한 현금 흐름을 확보할 수 있음
- 성장주에 비해 변동성이 낮아 안정적인 투자를 선호하는 투자자에게 적합
- 배당 재투자를 통해 복리 효과를 극대화할 수 있음

ETF NO.9   JEPI(JPMorgan Equity Premium Income ETF)

대형주에 투자하면서, 옵션 전략을 통해 높은 월별 분배금을 지급하는 액티브 ETF.

최근 5년간 연간 평균수익률: 약 10.5%/년(JPMorgan 기준)

연간 분배율: 약 8~10%(최근 1년 기준, 주가와 분배금에 따라 변동)

대표 기업

마이크로소프트(Microsoft), 아마존(Amazon), 알파벳(Alphabet), 어도비(Adobe)

핵심 특징

- 높은 월별 분배금을 통해 안정적인 배당 수익을 창출
- 주가 변동성이 높은 시장 상황에서 하락 폭을 완충하는 효과
- 은퇴 후 현금 흐름이 필요한 투자자에게 유용

글로벌 기술 기업 상위 10종목에 집중적으로 투자하는 ETF. 미래 기술을 이끌어갈 소수 기업에 핵심적으로 투자한다.

최근 5년간 연간 평균수익률: 약 41.87%/년

대표 기업

엔비디아(NVIDIA), 애플(Apple), 마이크로소프트(Microsoft), 아마존(Amazon), 메타(Meta Platforms) 등

핵심 특징

- 소수 정예의 빅테크 기업에 집중 투자하여 높은 수익을 추구
- 투자 포트폴리오에 기술 성장 동력을 추가하는 효과
- 단순하고 명확한 투자 전략을 선호하는 투자자에게 적합

투자를 오래 해왔다는 사실이 곧 투자 역량을 입증하지는 않는다. 시장에서 오랜 기간 활동했더라도, 중요한 것은 단순한 경험의 누적이 아니라 장기적으로 안정적인 수익을 일관되게 창출했는가다. 그렇기 때문에 투자 경력이 10년, 20년에 이른다 해도 여전히 손실을 내고 있다면 이는 명백히 1단계, 즉 초보 단계에 해당한다.

이 단계의 투자자에게 가장 필요한 것은 무엇일까? 바로 "투자는 본질적으로 어렵지 않다"는 인식을 다시 세우는 일이다. 실제로 이들에게 투자는 늘 불확실하고 벅찬 과제였을 것이다. 친구나 유튜버의 추천에 따라 종목을 매수했지만 불과 일주일 만에 20%의 손실을 경험하고, 그제서야 해당 기업이 어떤 사업을 하는지 공부를 시작한다. 그러나 대부분의 경우, 기업의 사업 구조와 전략은 쉽게 이해하기 어렵고, 이는 다시 좌절로 이어진다. 결국 투자 자체를 "나와 맞지 않는 것", "운 좋은 일부만 성공하는 게임"으로 치부하며 시장에서 멀어진다.

이들에게 가장 필요한 것은 투자의 난이도를 낮춰 재진입할 수 있는 기회다. 이때 가장 적합한 선택지가 바로 매그니피센트 7Magnificent 7이다. 이들 기업은 각자의 산업 영역에서 압도적인 시장 지배력을 확보하고 있을 뿐 아니라, 안정적인 수익 창출 능력, 인공 지능과 같은 미래 성장 동력까지 겸비하고 있다. 초보 투자자에게 매그니피센트 7은 단순한 종목이 아니라, 다시 투자 세계로 발을 내딛게 해주는 합리적이고 안전한 출발점이 될 수 있다.

지금까지 투자해온 과정을 돌아보면서, 관심을 가져왔던 분야의 최선두 주식을 보유하는 것이 중요하다. 그렇게 해야 자신이 잘 알고 있고, 또 누구나 아는 종목에 투자하더라도 충분히 만족할 만한 수익을 가져갈 수 있다는 깨달음을 얻을 수 있다. 결국, 투자란 숨겨놓은 보물을 찾는 것이 아니라, 자신이 이해할 수 있는 기업의 미래에 확신을 갖는 일이다.

투자자라면 이 7개 기업의 이름을 모르는 사람은 없을 것이다. 이들은 우리의 일상과 긴밀히 연결되어 있으며, 실제로 생활 속 변화가 투자 성과로 이어지는 과정을 직접 체감하게 한다. 중요한 것은 이 경험을 통해 사고의 전환이 일어난다는 점이다. 투자는 이해 가능한 대상이어야 하며, 합리적이고 명확한 원인이 있어야 한다는 인식이다. 이러한 전환이 이루어질 때, 투자 성과는 손실의 국면을 벗어나 점진적 수익의 흐름으로 이동한다.

M7 NO.1 엔비디아(NVIDIA)

인공지능 개발에 꼭 필요한 고성능 그래픽카드(GPU)를 사실상 독점 생산하는 기업이다. AI 시대에 없어서는 안 될 핵심 부품을 공급한다.

투자 포인트

- AI 산업의 성장에 직접적으로 수혜를 받는 독점적 기술력과 시장 지위

M7 NO.2 마이크로소프트(Microsoft)

윈도우, 오피스 프로그램을 만드는 소프트웨어 선두 기업. 현재는 '애저(Azure)' 라는 클라우드 사업과 AI 기술을 통해 기업 시장을 장악하고 있다.

투자 포인트

- 클라우드와 AI라는 가장 확실한 미래 성장 산업에서의 압도적인 2강 체제

M7 NO.3 애플(Apple)

아이폰이라는 강력한 브랜드를 가진 세계 1위 스마트폰 기업이다. 하드웨어 판매는 물론, 앱스토어와 구독 서비스로 꾸준한 현금을 벌어들인다.

투자 포인트

- 충성도 높은 고객 기반과 어떤 상황에서도 흔들리지 않는 견고한 수익 구조

M7 NO.4 알파벳(Alphabet)

전 세계인이 사용하는 검색엔진 구글과 동영상 플랫폼 유튜브의 주인이다. 이를 통해 벌어들이는 막대한 광고 수입이 핵심이다.

투자 포인트

- 검색과 동영상 시장의 독점적 지위를 통한 안정적 광고 수익, 그리고 AI 기술력

M7 NO.5 아마존(Amazon)

온라인 쇼핑과 클라우드 컴퓨팅(AWS) 분야의 세계 1위 기업이다. 온라인 쇼핑으로 시장을 지배하고, 진짜 이익은 클라우드 사업에서 나온다.

투자 포인트

- 전자상거래 시장의 지배력과 고수익 클라우드 사업을 동시에 보유한 현금 창출 능력

M7 NO.6 메타 플랫폼스(Meta Platforms)

전 세계 인구의 절반 이상이 사용하는 페이스북과 인스타그램의 모회사이다. 막대한 사용자 수를 기반으로 한 정교한 광고 사업이 주력이다.

투자 포인트

- 대체 불가능한 소셜 미디어 플랫폼을 통한 광고 수익과 AI 전환을 통한 미래시장 잠재력

전기차 시장을 처음 열고 현재도 1위를 다투는 혁신의 아이콘이다. 자동차를 넘어 자율주행 기술과 로봇 분야의 미래 가치까지 주목받고 있다.

투자 포인트

- 전기차 시장의 선도자라는 상징성과 자율주행, 옵티머스, 스페이스X 등 파괴적 혁신에 대한 기대감

3단계: 강점을 극대화하라, 섹터 대장주

투자를 통해 수익을 내고 있다는 사실 자체가 이미 투자의 매커니즘을 이해했다는 뜻이다. 투자는 아직 깨우치지 못한 이에게는 한없이 어렵지만, 이해한 자에게는 너무나 단순하고 쉬운 일이기 때문이다. 이제부터는 시장 전체를 보기보다 자신의 투자 성과를 복기해볼 차례다. 어떤 분야에 투자했을 때 수익률이 높았고, 어떤 분야에서 부진했는지를 객관적으로 분석해야 한다.

내 경우엔 가상화폐 관련주에서 높은 수익을 냈지만, 유망하다는 제약주에 투자했을 때는 손실을 보는 경우가 많았다. 이처럼 자신이 강점과 약점을 보이는 투자 환경을 파악했다면, 굳이 약점을 극복하려 애쓸 필요가 없다. 그보다는 자신이 높은 이해도를 가진 분야에 집중하는 것이 훨씬 효율적이다. 그 안에서 성장 가능성이 높은 개별 종목을 찾는 것이 다음 단계다.

개별 종목 투자는 지금까지 이야기한 ETF나 매그니피센트 7 투자보다 훨씬 더 큰 리스크와 높은 난이도를 가진다. 그래서 투자 경험이 전혀 없다면 대부분 손실을 볼 수밖에 없다. 그러나 당신이 투자한 종목 중에서 전체 그림이 보이고, 구체적인 시나리오까지 그려지는 섹터가 있다면 이제 개별주 투자에 나설 준비가 된 것이다.

나 역시 이런 과정을 통해 '아이렌Iren'이라는 종목을 발굴했다. 비트코인, 코인베이스 등에서 수익을 낸 경험을 바탕으로, 가상화폐 섹터 내에서 잠재력이 가장 큰 기업을 찾고자 유튜브와 해외 리포트를 파고들었다. 아이렌은 100% 재생에너지를 활용해 업계 최저 수준의 비트코인 채굴 원가를 유지하고 있으며, 나아가 이미 구축된 데이터센터 인프라를 AI 클라우드 사업으로 확장하는 전략까지 제시하고 있다. 나는 이 지점에서 확신을 얻었고, 최소 10년 이상 보유할 생각으로 투자를 결정했다.

당신도 분명 당신만의 강점을 가진 섹터가 있을 것이다. 괜히 애써 찾으려 하지 않아도, 시장의 흐름이 자연스럽게 이해되고, 미래의 청사진이 어렵지 않게 그려지는 곳 말이다. 누군가에게는 기술주일 수 있고, 또 다른 사람에게는 소비재나 친환경, 혹은 가상자산일 수도 있다. 중요한 건 남들이 뭐라 하느냐가 아니라, 당신이 오랜 시간 관심을 가지고 관찰해온 분야라는 점이다. 그 섹터를 찾아냈다면, 이제 개별주 투자에서 확신을 가질 수 있다. 그리고 그 확신은 이전보다 더 큰 수익을 가져다줄 것이다.

나의 투자 수익을 점검하라

투자를 오래 하다 보면, 성과가 좋았던 섹터와 유난히 힘들었던 섹터가 자연스럽게 드러난다. 그리고 이 지점에서 가장 먼저 해야 할 일은 단순히 수익률을 확인하는 것이 아니라, 나의 의사결정 구조 전체를 복기하는 것이다. 수익률은 결과에 불과하다. 중요한 건 그 결과가 형성되는 과정이다.

그래서 나는 두 가지 기준으로 섹터를 평가한다. 정량적 지표와 정성적 지표다. 정량적 지표는 누구나 본다. '얼마 벌었는가', '투자금 대비 수익률이 어떤가', '벤치마크를 얼마나 초과했는가'. 이것만 보면 투자란 단순히 점수 계산 같지만, 장기투자는 그렇게 단순하지 않다.

정성적 지표는 오히려 더 중요하다. 나는 어떤 섹터에 더 끌렸는가. 내가 일상에서 더 자주 보고, 자연스럽게 공부하게 되는 분야는 무엇인가. 예를 들어, 누군가는 기술 기업의 제품을 매일 사용하면서 자연스럽게 테크 섹터에 대한 이해도가 높아지고, 또 누군가는 소비재나 패션 산업을 유난히 관찰하게 된다.

장기투자의 핵심 연료는 관심이다. 관심이 깊은 섹터는 자연스럽게 더 많이 관찰하게 되고, 더 빠르게 이상 징후를 감지하고, 더 멀리 미래를 상상하게 만든다. 지금까지의 수익률이 낮더라도, 관심의 밀도가 높은 섹터라면 장기적으로는 더 큰 결과를 만들어낼 가능성이 높다.

자신의 강점·약점 섹터를 파악하라

평가가 끝났다면, 이제 섹터별로 강점과 약점을 분리해야 한다. 이는 단순히 수익률의 높고 낮음이 아니다. 그보다는 내 판단이 명확하게 작동했던 섹터, 그리고 매번 흐름을 놓치거나 타이밍을 잘못 잡았던 섹터를 구분하는 과정이다.

누구에게나 강점이 되는 섹터가 있다. 어떤 투자자는 경기민감주 흐름을 읽어내는 데 강하다. 원자재·철강의 가격 변동, 글로벌 매크로와의 연결을 직관적으로 이해한다. 반면 또 다른 투자자는 기술주의 혁신 속도를 해석하는 데 강하고, 장기 성장 추세를 놓치지 않는다.

이 차이를 인정하는 순간, 포트폴리오는 비로소 '나답게' 정돈된다. 강점 섹터는 비중을 늘리고, 약점 섹터는 과감히 줄인다. 투자는 결국 확률 게임이다. 내가 잘 아는 영역에서 베팅해야 승률이 높아진다. 여기서 중요한 건 오해하지 않는 것이다. 약점 섹터는 '공부하면 된다'의 영역이 아니다.

약점은 성향과 관점에서 비롯되는 경우가 많다. 예를 들어, 고변동성 섹터가 체질적으로 안 맞는 사람은 아무리 공부해도 변동성 앞에서 흔들린다. 반대로 변화 속도가 느린 섹터는 어떤 사람에게 끝없는 지루함을 준다. 이건 잘못이 아니다. 투자 성향의 차이일 뿐이다.

강점 섹터 내 개별주를 찾아보자

강점 섹터가 정해졌다면, 이제 해야 할 일은 단 하나다. 그 섹터의 미래를 대표할 대장주를 찾는 것. 이 과정은 단순한 종목 검색이 아니다. 섹터 전체의 성장성을 관찰하고, 그 안에서 가장 빠르게 커질 기업, 즉 '지금은 아직 저평가되어 있지만 다음 사이클에서 중심이 될 기업'을 찾는 일이다.

이를 위해서는 다양한 정보원을 활용해야 한다.

- 유튜브 투자 채널과 전문가 분석
- 증권사 리서치 리포트
- 글로벌 헤지펀드·벤처캐피털의 투자 동향
- 산업의 규제·기술·소비 패턴 변화

중요한 건 이 모든 자료를 '참고'하되, 결론은 내가 내려야 한다는 점이다. 데이터는 참고서일 뿐, 나의 투자 철학을 대신 만들어주지 않는다. 대장주 탐색에서 가장 중요한 기준은 단 하나다.

"이 기업이 섹터의 미래를 대변하는가?"

섹터는 항상 대장주가 끌고 간다. 테크는 애플·엔비디아가, 전기차는 테슬라가, 가상자산은 비트코인이 사이클을 만든다.

종목을 선정하고 장기 보유하자

최종적으로 종목을 선정했다면, 이제 남은 건 단 하나다. 장기 보유. 나는 최소 1년을 기준으로 잡는다. 하지만 1년은 기준일 뿐, 진짜 장기투자는 수년간의 확신 유지다.

장기 보유의 전제 조건은 무엇일까? 단순하다. 반 토막이 나더라도 버틸 수 있는 믿음이다. 이 믿음은 근거 없는 감정에서 나오지 않는다. 앞선 모든 과정(섹터 점검, 강점 파악, 대장주 탐색)을 철저히 거쳤기 때문에 생겨나는 신념이다.

종목을 오래 보유하는 사람만이 부자가 되는 이유는 '시간' 때문이다. 가격 변동은 단기투자자에게는 위협이지만, 장기투자자에게는 과정이다. 가격은 흔들리지만 기업의 본질 가치가 상승한다면, 결국 시장은 그 가치를 따라간다. 그래서 종목을 고를 때 신중해야 한다.

1. 투자 수익 점검: '성과'와 '관심'의 이중 점검

이 점검 과정은 단순한 숫자 비교가 아니다. '나의 투자 감각이 가장 자연스럽게 작동하는 영역은 어디인가?' 이 질문에 답하는 시간이다. 결론은 간단하다. 당신의 시선이 머무는 곳이, 앞으로 수익이 쌓일 가능성이 큰 곳이다.

2. 강점·약점 섹터 파악: '홈 그라운드'를 그리는 단계

강점 섹터 선정은 결국 나만의 투자 지도를 그리는 과정이다. 지도는 넓을 필요가 없다. 정확하면 된다. 결론은 명확하다. 강점 섹터에 자원을 집중하라. 약점 섹터를 억지로 붙잡지 마라.

3. 강점 섹터 내 개별주 탐색: '대장주'를 찾는 과정

대장주를 잡았다면 이미 싸움의 절반은 끝난 것이다. 결론은 단순하다. 강점 섹터의 대장주를 찾는 데 시간을 쓰는 것이, 수십 종목을 건드리는 것보다 훨씬 높은 수익으로 이어진다.

4. 종목 선정 및 장기 보유: 꺾이지 않는 '견고한 믿음'

신중해야 오래 들고 갈 수 있고, 오래 들고 가야 복리가 작동한다. 결론은 이 한 문장으로 요약된다. 승리의 비결은 '잘 사는 것'이 아니라 '오래 들고 가는 것'이다.

4단계: 미래를 선명하게 그려라, 넥스트 버블

5년 이상 투자를 이어가며 수익률 100% 이상을 기록했다면, 이제 당신은 자신을 '투자 고수'라 불러도 된다. 장기간에 걸쳐 자산을 두 배 이상 불려냈다는 사실은 단순한 운의 산물이 아니라, 시장을 이해하고 생존하는 힘을 증명하는 것이다. 단기간 높은 수익을 경험한 투자자는 많다. 그러나 그 수익을 지키고, 또 다른 사이클 속에서도 유지하는 것은 오직 상위 1%의 영역에 속한다.

이 단계의 투자자들은 기업을 꿰뚫는 통찰과 시장을 읽는 눈을 갖추게 된다. 단순히 내일 오를지, 내릴지를 점치는 수준이 아니다. 지금 시장이 어떤 방향을 향하고 있는지, 세계 경제가 어떤 원리로 움직이고 있는지를 학습하고 체화한 상태다. 이제 이들은 새로운 버블, 새로운 사이클을 찾아야 한다. 시장의 주목을 받을 다음 섹터는 어디일지, 누가 차세대 주도권을 가져갈지를 스스로의 시나리오로 설계할 수 있다. 시나리오를 그리는 힘, 그것이 4단계 투자자의 핵심 능력이며, 이 힘으로 넥스트 버블을 찾아야 한다.

넥스트 버블은 '다음 세대의 자본이 쏠리는 지점'을 말한다. 즉, 아직 시장의 다수가 주목하지 않았지만 자금, 기술, 서사, 제도, 세대심리까지 하나의 방향으로 맞물려 움직이기 시작하는 '버블의 초기 단계'다. 넥스트 버블을 발굴하기 위해서는 뉴스를 단순히 소비하기보다 '왜 지금 이 이야기가 등장했는가'를 물어야 한다.

정책 변화, 그 방향에 올라타라

투자의 본질은 결국 '흐름'을 읽는 일이다. 그리고 그 흐름은 언제나 정치에서 시작된다. 정치는 돈의 방향을 정하고, 돈은 산업의 흥망을 만든다. 정당과 정치인은 각자의 정체성을 세우기 위해 자신들이 집중할 산업을 선택한다. 우리는 바로 그 선택의 순간을 포착해야 한다.

정치와 경제, 투자는 절대 따로 움직이지 않는다. 정당은 표를 얻기 위해 산업을 키우고, 정부는 고용과 세수를 위해 그 산업에 자금을 투입한다. 새로운 성장의 무대는 이렇게 만들어진다. 예를 들어, 각국의 '그린딜'이 재생에너지 버블을 만들었고, '디지털 뉴딜'이 데이터센터와 반도체 시장을 달궜다. 오늘의 키워드는 명확하다. AI, 그중에서도 AI 인프라.

AI는 단순한 기술이 아니라, 전 세계 정치가 만들어내는 '합의된 미래'다. 미국은 국가 경쟁력의 핵심으로 AI 칩과 클라우드 인프라를 밀어붙이고, 중국은 자국 중심의 데이터 생태계를 구축 중이며, 유럽은 윤리와 규제라는 틀로 시장을 재편하고 있다. 각자의 방식은 다르지만, 모든 나라가 한 방향으로 달려가고 있다는 점에서 '정책의 교집합'이 형성된다.

이 교집합이 바로 넥스트 버블의 진원지다. 어느 한 정치인의 발언에 흔들리지 말고, 모든 정당과 국가의 정책 흐름 속에서 공통으로 언급되는 산업을 찾아야 한다. 예산이 집중되고, 세제 혜택이 주어지며, 인프라가 깔리는 곳. 자본은 그곳으로 흘러간다. 결국, 정치의 언어를 해석할 줄 아는 투자자만이 다음 버블의 초입에 설 수 있다. 정책을 '뉴스'로 소비하는 것이 아니라, '시나리오'로 분석해야 한다. 그때, 당신의 돈은 시대의 흐름과 함께 움직이기 시작한다.

세대교체의 신호를 읽는 자가 다음 사이클을 선점한다

투자에는 언제나 사이클이 있다. 사이클이 바뀌는 순간, 세대가 바뀐다. 문제는 대부분의 투자자들이 여전히 지난 사이클의 영광 속에서 살아간다는 것이다. 과거의 성공공식을 붙잡는 순간, 자산은 멈춘다. 그래서 우리는 반드시 '세대교체의 신호'를 읽어야 한다.

우리나라만 보더라도 그 흐름은 명확했다. 한때 대한민국은 조선·철강·자동차 산업에 의존하던 나라였다. 당시엔 "수출만이 살길이다", "제조업이 곧 국가 경쟁력이다"라는 말이 당연한 진리처럼 여겨졌다. 그러나 기술과 소비의 구조가 바뀌면서, 그 믿음은 더 이상 미래를 보장하지 못했다. 2000년대 들어, 국가는 방향을 바꿨다. 반도체 산업이었다. 메모리 칩 하나로 세계를 뒤흔든 삼성전자와 하이닉스의 성공은 단순히 기업이 아니라 산업 패러다임의 전환을 상징했다. 한 세대의 경제 주역이 교체되었고, 그 흐름을 미리 감지한 사람들은 단순한 수익이 아니라 '국가 성장의 레버리지'를 함께 얻었다.

이제 또 한 번의 세대교체가 시작되고 있다. 내가 바라보는 넥스트 버블은 'AI 인프라와 에너지 전환'이다. AI는 단순히 알고리즘의 혁신이 아니라, 모든 산업의 기반 구조를 재편하는 인프라 전쟁이다. 반도체, 전력망, 데이터센터, 냉각 기술, 그리고 이를 지탱할 전력 에너지 체계까지 이 모든 것이 다시 설계되고 있다.

세대교체는 늘 같은 방식으로 찾아온다. 먼저, 낡은 산업이 정체되고 그다음, 새로운 기술이 사회 구조를 흔들며 마지막으로, 자본이 방향을 바꾼다. 따라서 투자자는 단순히 '지금 잘 나가는 산업'을 따라가는 것이 아니라, 다음 세대가 어디서 시작되는지를 감지해야 한다.

세대교체의 신호는 언제나 산업의 주변부에서 먼저 나타난다. 젊은 세대의 소비 트렌드, 정부의 예산 배분, 기업의 인재 이동, 스타트업 투자 방향 등, 이 모든 신호를 하나의 흐름으로 읽는다면, 우리는 다음 사이클의 초입에 설 수 있다. 결국 투자는 세대교체의 리듬을 읽는 일이다. 그리고 그 리듬에 올라탄 자만이, 자산의 폭발적 성장을 이뤄낸다.

패러다임의 전환에서 버블이 시작된다

세상은 기술이 아닌 '패러다임의 변화'로 움직인다. 새로운 기술이 등장하는 순간보다, 그 기술이 우리의 '생각과 행동의 방식'을 바꾸는 순간이 더 중요하다. 스마트폰이 그랬다. 스마트폰은 단순히 통신기기를 진화시킨 것이 아니라, 인간의 일상 자체를 재설계했다. 전화와 문자 중심의 시대가 끝나고, 모든 정보와 소비, 인간관계가 모바일 중심으로 재편되었다. 기업은 더 이상 웹사이트를 중심으로 움직이지 않았다. '모바일 퍼스트' 전략이 새로운 생존의 법칙이 되었고, 구글이 아닌 유튜브가 세상의 중심으로 떠올랐다. 사람들은 '검색'하지 않고, '추천받는 사고'를 하기 시작했다.

그리고 지금, 또 한 번의 거대한 전환이 일어나고 있다. ChatGPT의 등장은 인간의 사고 자체를 바꾸었다. 이제 우리는 '생각하는 존재'에서 '사고를 위임하는 존재'로 진화하고 있다. AI가 아이디어를 제시하고, 글을 쓰고, 문제를 해결한다. 사람들은 더 이상 '무엇을 생각할까' 보다, 'AI를 어떻게 활용할까'를 고민한다.

이것은 단순한 기술 혁신이 아니라, 인류의 사고 구조 자체가 재편되는 사건이다. 특히 젊은 세대일수록 이 변화에 적응이 빠르다. 그들은 이미 AI를 '생각의 도구'가 아닌 '생각의 파트너'로 받아들이고 있다. 따라서 앞으로의 산업은 '무엇을 만들 것인가' 보다 'AI를 어떻게 활용할 것인가'로 경쟁의 축이 옮겨가게 된다.

이 지점이 바로 투자자가 집중해야 할 곳이다. 기술의 발전은 버블을 만들지 않는다. 하지만 패러다임의 전환은 언제나 버블을 만든다. 스마트폰이 모바일 산업의 버블을 만들었고, 인터넷이 닷컴 버블을 만들었다. 그리고 지금, AI가 인간의 사고 체계를 재편하면서, 새로운 형태의 초거대 버블이 태동하고 있다. 투자자의 역할은 단순히 'AI 기업'에 투자하는 것이 아니다. AI로 인해 새로운 사고 체계, 소비 습관, 산업 구조가 만들어지는 지점을 읽는 것이다. 예를 들어, AI 인프라 기업은 물론, AI를 통해 생산성을 폭발적으로 끌어올리는 서비스 기업, 인간의 감정·창의 영역을 증폭시키는 크리에이티브 플랫폼들까지 모두 '패러다임 전환의 중심축'이 된다.

기술의 혁신은 언제나 예상보다 빠르지만, 인간의 인식 변화는 그보다 느리다. 이제 투자는 '무엇이 혁신이냐'가 아니라, 그 혁신이 어디로 확장되고 있느냐를 읽는 일이다. 새로운 기술이 등장하는 순간보다, 그 기술이 산업 전체를 어떻게 재구성하느냐가 훨씬 중요하다. 전기는 공장을 바꿨고, 인터넷은 유통을 바꿨으며, 스마트폰은 인간의 생활 방식을 바꿨다. 그 확장을 먼저 감지한 투자자만이, 시장의 구조가 바뀌기 전 자리를 선점한다.

결국 투자자는 지금의 유행보다 '구조의 이동'을 보아야 한다. 기술적 패러다임의 전환은 특정 섹터의 유행이 아니라, 세상의 작동 원리가 교체되는 과정이다. 데이터가 새로운 원유가 되고, 전력망이 새로운 인프라가 되며, 인간의 사고와 노동이 기술로 연결되는 이 흐름 속에서, 투자의 기회는 '전환의 중심'에서 만들어진다.

이런 신호들을 엮어 시나리오로 설계하는 것이 핵심이다. 'AI가 금융과 결합하면 어떤 자본 흐름이 만들어질까?', '에너지 인프라 전환 속에서 어느 기업이 구조적 수혜를 볼까?' 같은 질문을 구체화하는 것이다. 그리고 그 시나리오를 데이터와 지표로 검증한다. 실제 매출, 점유율, 투자 규모, 정부 예산 등이 그 가설을 뒷받침할 때, 그곳이 넥스트 버블의 입구가 된다.

넥스트 버블을 찾는다는 건 단순히 '상승할 섹터'를 예측하는 일이 아니다. "미래의 인간 행동이 어디로 몰릴지를 먼저 이해하는 일"이다. 그 지점을 정확히 포착한 투자자는 단순한 수익을 넘어선 결과를 얻는다. 초기 버블을 발견했다면 10배, 100배의 수익은 물론, 세상의 변화를 앞당기는 흐름 속에 직접 참여하게 된다. 돈의 증식이 아니라, 변화의 한가운데에 서 있는 감각. 그것이 진짜 보상이다.

이러한 시나리오 설계는 투자를 감에 의존하지 않고, 논리와 근거 위에서 실행할 수 있도록 만든다. 그러나 한 가지 분명히 해야 한다. 충분한 시간과 경험, 그리고 검증된 수익 없이 4단계로 진입하는 것은 엄금해야 한다. 준비되지 않은 상태에서 이 영역에 들어서는 순간, 당신이 쌓아온 모든 자산을 잃을 수도 있다. 그리고 굳이 서두를 필요도 없다. 1~3단계만 반복하더라도 인생을 바꿀 만한 자산을 축적하는 것은 충분히 가능하다.

그러나 만약 당신이 충분히 준비되었음을 느끼고, 스스로의 확신을 믿으며 용기를 낸다면 이야기는 달라진다. 4단계의 무대는 분명 위험으로 가득하지만, 동시에 누구나 쉽게 닿을 수 없는 기회의 장이기도 하다. 신중함을 잃지 않으면서도 과감하게 발을 내디딜 수 있다면, 그 용기는 단순한 수익이 아니라 당신의 자산을 비약적으로 증폭시키는 힘으로 돌아올 것이다.

1. 자금의 흐름을 포착하라

기관·고래 투자자들이 집중하는 섹터를 추적하며 자금 유입의 방향을 확인한다. 동시에 세계가 어떤 기술 혁신과 산업 변화를 성장 동력으로 수용하는지 분석해, 자본의 흐름과 혁신의 흐름을 함께 읽는다.

2. 분석 자료를 검증하라

해당 섹터 내 주요 기업들의 콘센서스뿐 아니라 글로벌 리서치와 기관 보고서를 교차 검증하며, 산업 구조와 성장 동력을 다각도로 점검한다.

3. 핵심 기업을 선정하라

대장주 가능성을 보이는 기업을 중심으로, 그 기업이 만들어낼 수 있는 미래를 다양한 각도에서 가정한다. 신시장 개척, 기술 혁신, 규제 변화, 글로벌 확장 등 복수의 가능성을 설계하며, 각 시나리오가 기업 가치와 주가에 어떤 변화를 가져올지 그려본다.

4. 근거를 축적하라

시나리오를 뒷받침할 수 있는 산업 동향, 정책 변화, 규제 환경, 기술 혁신, 소비 패턴 등의 정보를 체계적으로 수집한다.

5. 전략적 진입을 실행하라

시나리오가 완성되었다면 전량이 아닌 분할·단계적 매수를 통해 포지션을 구축한다.

매수는 느리게,
매도는 차갑게:

PART 5

마지막 조각을 채우는
실전 스킬

:
:
:
:
:
:

내가 투자에서 가장 강점이라 느끼는 부분은 바로 나의 매수 방식이다. 매수는 언제나 느긋하고 침착하게 이루어져야 한다. 많은 투자자들이 실패하는 이유는 조급함 때문이다. '지금 당장 주가가 날아갈 것 같다'는 불안, "지금 안 사면 기회를 놓친다"는 두려움이 투자 판단을 왜곡한다. 그러나 이러한 감정이야말로 투자의 시작을 무너뜨리는 주범이다.

한방을 노리는 것이 아니라, 종목을 차근차근 축적해나간다는 마인드를 가져야 한다. 긴 시야로 접근할 때만 심하게 물리거나 심리적으로 무너지는 일을 막을 수 있다. 조급함은 언제나 손실을 불러오지만, 느린 축적은 결국 승리를 보장한다. 올바른 매수만 지켜도, 이미 절반은 이긴 게임을 하고 있는 셈이다.

나 역시 투자를 처음 시작했던 2020년에는 이 단순한 원리를 알지 못했다. 가진 모든 현금을 단번에 쏟고, −30%의 계좌를 그저 멍하니 바라보는 초보적인 실수를 반복했다. 그때의 나는 시장을 상대로 싸운 것이 아니라, 나 자신의 조급함과 두려움에 패배한 것이었다. 그러나 매수의 원칙을 세우고 지켜낸 이후, 상황은 완전히 달라졌다. 분할 매수를 기본으로 삼고, 언제나 '다음 기회가 있다'는 태도를 유지하고서는 매수 직후 물리는 일이 눈에 띄게 줄었다.

매수는 느리고 침착하게, 조급함을 버려야 한다. 물론 매수 과정에서 일시적인 마이너스를 기록하는 순간도 있었다. 하지만 그때는 "오히려 좋아"라는 말이 절로 나왔다. 하락은 내가 애초에 준비했던 축적의 과정 안에 있었기 때문이다. 종목의 미래에 대한 확신이 있다면, 일시적인 손실은 싸게 더 모을 수 있는 기회일 뿐이다. 그래서 나는 이제 마이너스가 찍혀 있는 계좌를 보면 움츠러들지 않는다. 그 순간은 내 매수 원칙이 시험대에 오르는 시간이며, 동시에 시장이 나에게 준 선물이 된다.

나의 매수 원칙은 단순하다.

1. 매수는 매일 시드의 1%씩 3개월간 분할해 진행한다.

2. 매수는 동일한 시간, 동일한 금액으로 일관되게 진행한다.

3. 한 번에 매수하는 종목은 5개를 넘기지 않는다.

4. 매수한 종목은 최소 1년 이상 보유한다.

5. 언제나 현금 비중 10%는 반드시 유지한다.

간단해보이지만 이 방식은 투자자의 흔들리는 심리를 단단히 붙잡아주는 장치다. 조급함을 버리고, 내가 세운 시스템에 따라 매수하는 순간부터 투자는 전혀 다른 게임이 된다. 불필요한 실수는 차단되고, 충동적 선택이 사라진다. 시장이 일시적으로 요동치더라도 마음은 흔들리지 않는다. 그렇게 지켜낸 원칙은 시간이 흐를수록 복리처럼 쌓여간다. 결국 수익은 억지로 쫓아가 얻는 것이 아니라, 준비된 매수 과정에서 자연스럽게 따라오는 부산물이다.

매도는 차갑고 명확하게, 흐릿함을 버려야 한다. 많은 투자자들은 매수보다 매도를 훨씬 더 어렵게 느낀다. 나 역시 다르지 않다. 매도는 언제나 어렵다. 그 이유는 단순하다. 매도라는 행위에는 매수보다 훨씬 많은 감정이 개입되기 때문이다. 지금까지 쏟은 시간과 자본, 그 과정에서 쌓인 기대감, 혹은 앞으로의 하락에 대한 두려움까지. 이 모든 복합적인 감정이 매도의 판단을 흐린다.

또한 매도는 매수와 달리 상황에 따라 전략 자체가 달라진다. 현재 시점이 수익을 확정 지어야 하는 순간인지, 손실을 감수하고서라도 정리해야 하는 순간인지에 따라 접근은 완전히 달라진다. 매도는 단순한 행위가 아니라, 시장과 개인의 상황을 동시에 반영하는 고차원적인 결정이다.

동시에 매도는 시장과의 대화이기도 하다. 내가 세운 시나리오가 여기서 끝났는지를 확인하는 과정이며, 그 시나리오에 찍는 최종 마침표다. 그래서 매도는 하나의 결산이자, 다음을 위한 준비 단계다.

이 챕터에서는 매도를 두 가지 측면으로 나누어 살펴보려 한다.

익절(이익 실현)과 손절(손실 최소화). 각각의 상황은 다르지만, 투자자라면 반드시 마주해야 할 결정의 순간이다. 이 챕터에서는 두 경우 모두에서 감정에 흔들리지 않고 원칙에 따라 움직일 수 있는, 매도 전략을 소개하려 한다. 매도는 끝이 아니라 전환점이다. 차갑고 명확한 매도를 할 수 있을 때, 비로소 새로운 시작이 열린다.

매일 시드의 1%씩 3개월간 매수한다

대부분의 투자자는 좋은 종목을 발견했다고 믿는 순간, 모든 돈을 한 번에 쏟는다. 월요일 오전 9시, 주말 동안 결심한 종목을 서둘러 매수하는 투자자들이 몰리는 시간은 그래서 가장 위험하다. 조급함은 곧 손실로 이어진다.

나는 다르게 접근한다. 시간은 적이 아니라 아군이다. 투자자는 시간을 무기로 삼아야 한다. 시드를 매일 1%씩, 3개월 동안 분할 매수하는 원칙은 단순한 습관이 아니다. 그것은 변동성을 흡수하고, 심리를 다스리며, 결국 시장을 내 편으로 만드는 전략이다. 이 방식은 구체적으로 다음과 같은 힘을 발휘한다.

올라도 좋고, 내리면 더 좋은 무적의 전략

단기적인 가격을 맞추는 건 내일의 날씨를 예측하는 것이고, 장기적인 흐름을 읽는 것은 계절의 흐름을 따르는 일이다. 내일 비가 올지, 해가 쨍쨍할지는 기상청조차 정확히 예측하지 못한다. 하지만 여름이 지나면 가을이 오고, 겨울이 지나면 봄이 온다는 건 누구나 안다. 분할 매수는 매수를 '내일의 날씨를 맞추는 일'에서 '계절의 흐름에 따르는 일'로 바꿔준다.

한 번에 자금을 몰아넣어 매수했는데, 그다음 주에 비가 쏟아지고 태풍이 치면 흔들릴 수밖에 없다. 하지만 3개월에 걸쳐 나누어 매수하면, 그런 단기 변동에 휘둘리지 않는다. 6개월 뒤, 1년 뒤에 오를 것이라는 확신이 있다면, 매수를 진행하는 3개월은 단기 변동성을 흡수하는 완충 구간이 된다. 시세가 흔들릴수록 평단은 낮아지고, 결국 목표한 시점이 왔을 때 더 높은 수익률로 돌아온다.

이 원리는 통계에서도 증명된다. 여러 번의 결과가 쌓일수록 극단적인 수치는 줄어들고, 전체는 평균값에 수렴한다. 이것이 대수의 법칙Law of Large Numbers이다. 즉, 단 한 번의 결과는 운이지만, 열 번의 결과부터는 구조가 된다. 분할 매수는 이 법칙을 투자 구조 안에 옮겨놓은 전략이다. 한 번의 타이밍으로 승부하려는 대신, 여러 시점의 매수를 통해 각 시점의 오차를 서로 상쇄한다.

시장은 오를 때도 있고, 내릴 때도 있다. 오르면 좋다. 이미 보유한 자산의 가치가 늘어나기 때문이다. 수익이 쌓이면 심리적 여유가 생기고, 그 여유는 다음 기회를 기다릴 힘이 된다. 내리면 더 좋다. 가격이 낮아질수록 같은 금액으로 더 많은 수량을 살 수 있다. 평단가는 자연스럽게 낮아지고, 다음 상승 구간에서 수익률은 기하급수적으로 커진다. 하락은 손실이 아니라, 장기 복리를 가속화할 '추가 투자 구간'이 된다.

낮아지는 평단가와 커지는 복리효과

분할 매수의 핵심은 평균 매입 단가를 스스로 통제할 수 있다는 점이다. 시장은 흔들리지만, 내 평단가는 내가 조정한다. 가격이 하락하면 추가 매수로 단가를 낮추고, 이 낮은 평단가가 다음 상승장에서 수익률을 폭발적으로 키운다. 평단가 조정은 단순히 손실을 줄이는 방어가 아니다. 하락 구간에서 싸게 담는 과정은 결국 상승 구간에서 더 크게 수익을 회수하기 위한 공격의 준비다.

그래서 현명한 투자자에게 하락장은 고통이 아니라 기회다. 평단이 낮아질수록 복리의 속도는 빨라지고, 그 복리는 시간이 지날수록 격차를 만든다. 그렇기에, 분할 매수는 시장의 변동을 내 자산 성장의 연료로 바꾸는 구조다.

치명적 오류를 찾아내는 검증의 시간

3개월이라는 매수 기간은 단순한 시간 분산이 아니다. 그것은 곧 검증의 과정이다. 매수를 나누어 진행한다는 것은 수정 가능한 구조를 갖춘다는 의미다. 첫 매수 이후 새로운 메가트렌드가 생겨

나거나 시나리오에 균열이 생겼을 때, 방향을 조정할 수 있다. 매수 자체가 점진적으로 이뤄지기 때문에, 투자자는 '내 선택이 맞는가, 틀렸는가'라는 질문을 계속 던지며 전략을 개선할 수 있다. 완벽한 예측은 없다. 그러나 분할 매수는 투자자가 틀릴 수 있다는 사실을 전제로 하면서도, 그 틀림을 스스로 바로잡을 수 있는 시간과 여유를 제공한다.

동일한 시간, 금액으로 일관되게 매수한다

대부분의 투자자는 시장의 흐름에 휘둘린다. 가격이 갑자기 오르면 따라붙고, 두려움이 몰려오면 서둘러 팔아버린다. 순간의 감정은 늘 잘못된 결정을 부른다. 투자에서 가장 위험한 적은 변동성이 아니라, 그 변동성에 반응하는 자신의 감정이다.

나는 다르게 접근한다. 매일 같은 시간, 같은 금액으로 매수한다. 이 단순한 규칙은 시장을 예측하려는 조급함을 차단하고, 감정의 개입을 최소화한다. 투자 행위가 결단이 아니라 루틴이 되는 순간, 투자자는 훨씬 강력해진다. 이 방식은 구체적으로 다음과 같은 힘을 발휘한다.

감정이 들어갈 틈조차 주지 않는 냉철함

일정한 시간과 금액은 투자자를 공포나 탐욕의 순간으로부터 보호한다. 시장이 갑자기 급등하면 대부분은 '지금 놓치면 다시는 기회가 없다'는 두려움에 휘말려 성급하게 매수 버튼을 누른다. 반대로 시장이 급락하면 '더 떨어질 것 같다'는 불안에 시달리며 서둘러 매도한다. 이처럼 투자자의 실수는 언제나 순간적인 감정에서 비롯된다. 그러나 매수 시각과 금액이 이미 정해져 있다면 상황은 달라진다. 그 규칙은 투자자가 즉흥적으로 움직이려는 충동을 차단하고, 감정적 소용돌이 속에서도 차분하게 같은 행동을 반복하게 만든다.

특정한 시간에, 정해진 금액만큼만 매수한다는 원칙은 의사결정을 구조적으로 단순화한다. 복잡한 계산이나 즉각적인 예측이 필요하지 않다. 오직 정해진 루틴만 실행하면 된다. 이렇게 의사결정에서 감정이 개입할 여지를 없애면, 실수도 자연스럽게 사라진다. 결국 동일한 시간과 금액은 투자자의 심리를 통제하는 가장 강력한 안전장치다. 그 순간의 감정은 매수 의사결정에 아무런 힘을 발휘하지 못하고, 오직 원칙만이 투자자의 손을 움직이게 된다.

삶에 자연스럽게 스며드는 투자습관

동일한 패턴의 매수는 투자 과정을 루틴화한다. 하루의 특정 시각이 되면 투자자는 고민할 필요 없이 매수를 실행한다. 이 단순한 반복은 불필요한 잡음을 제거하고, 투자 행위를 삶 속에 자연스럽게 녹여낸다. 마치 아침에 이를 닦거나 출근길에 같은 길을 걷는 것처럼, 매수는 의식적 결단이 아닌 생활의 일부가 된다.

이 습관화는 장기투자에서 특히 강력한 힘을 발휘한다. 시장은 수개월, 수년 단위로 지루하게 늘어지거나, 반대로 감당하기 힘든 폭풍처럼 요동치기도 한다. 그러나 매일 같은 패턴으로 매수하는 투자자는 그 흐름에 휘둘리지 않는다. 루틴은 흔들리는 시장에서도 버티게 하는 기초 체력이고, 긴 여정을 완주할 수 있게 하는 심리적 보조장치가 된다.

지루함을 견디게 하는 심리적 보상

규칙을 지켰다는 사실은 스스로에게 심리적 보상을 준다. '나는 원칙대로 하고 있다'는 자기 확신은 시장이 흔들릴 때도 차분함을 유지하게 한다. 단순히 돈을 불리는 행위가 아니라, 매일 정해진 규칙을 실행했다는 성취감이 쌓이며 투자자의 자존감을 지탱한다.

이 심리적 보상은 장기투자에서 무엇보다 중요한 자산이다. 시장은 늘 변동하고, 때로는 몇 달 동안 지루하게 흘러가거나 갑작스러운 하락으로 공포를 불러온다. 그러나 규칙을 지켜냈다는 사실이 주는 안정감은 그 모든 변화를 견디게 한다. "나는 흔들리지 않았다"는 경험이 반복될수록, 투자자는 점점 더 단단해지고, 그 단단함이 장기 여정을 완주하게 하는 강력한 동력이 된다.

결국 매일 같은 시간, 같은 금액으로 매수하는 행위는 단순한 반복이 아니다. 그것은 감정을 다스리는 장치이자, 실수를 차단하는 방패이며, 긴 여정을 끝까지 이끌어주는 자기 보상의 시스템이다. 투자는 루틴이 될 때 비로소 흔들리지 않는다.

한 번에 매수하는 종목은 5개를 넘기지 않는다

대부분의 투자자는 다양한 종목을 동시에 매수하며 스스로 안심하려 한다. "분산하면 안전하다"는 말을 그대로 받아들이는 것이다. 그러나 종목이 늘어날수록 집중력은 분산되고, 분석의 깊이는 얕아진다. 결국 손에 쥔 종목의 절반은 자신이 왜 샀는지도 모른 채 보유하게 된다. 과도한 분산은 리스크를 줄이는 것이 아니라, 투자자의 확신을 흐려놓는 독이 된다.

내게 중요한 건 다양성이 아니라 집중이다. 그래서 매수 종목은 다섯 개를 넘기지 않는다. 단순히 숫자를 줄이는 게 목적이 아니다. 소수의 종목만을 보유할 때, 비로소 그 기업의 본질에 몰입할 수 있다. 매일 관련 소식을 챙기고, 산업의 흐름과 경쟁사의 움직임을 비교하며, 시나리오를 세우는 과정이 가능해진다. 종목이 많아질수록 이런 깊이는 얕아질 수밖에 없고, 결국 피상적인 정보에 기대는 투자자가 된다.

하지만 다섯 개 이하라면 다르다. 집중은 분석을 낳고, 분석은 확신을 만든다. 그리고 그 확신은 시장의 흔들림에도 쉽게 무너지지 않는 신념으로 발전한다. 장기투자에서 진짜 힘은 이 신념에서 나온다. 결국 소수 종목에 몰입하는 선택이야말로, 나를 끝까지 버티게 하고 큰 수익으로 이끄는 무기다. 이 방식은 구체적으로 다음과 같은 힘을 발휘한다.

깊이 있는 분석, 효율적인 분배

종목이 많아질수록 투자자는 선택의 순간마다 갈피를 잃게 된다. 어디에 더 힘을 실어야 할지 모호해지고, 결국 확신 없는 매매로 이어진다. 반대로 다섯 개 이내로 제한하면 자본과 시선이 한곳에 모인다. 그 집중이 결국 투자자의 체력을 아끼고, 장기적인 버팀목이 된다. 투자는 종목을 늘리는 것이 아니라, 확신을 키우는 과정이다.

여러 종목을 매수하다 보면 가장 흔히 빠지는 함정이 있다. 이름은 다르지만 사실상 같은 성격을 가진 종목을 겹쳐서 담는 것이다. 예를 들어, 기술주 ETF와 빅테크 개별주를 동시에 담거나, 같은 산업군 내에서 높은 상관관계를 가진 기업들을 나눠서 매수하는 경우다. 표면적으로는 여러 종목을 보유하는 것처럼 보이지만, 실제로는 한 종목에 몰빵한 것과 크게 다르지 않다. 주가가 움직이는 방향이 똑같이 연동되기 때문에, 리스크는 여전히 집중되어 있고 분산 효과는 사라진다.

이런 중복 투자는 투자자에게 착각을 불러일으킨다. '나는 분산하고 있다'는 안도감 속에서 사실은 한 기업, 한 산업, 한 흐름에 과도하게 노출되어 있는 것이다. 결국 종목 수만 늘어나고, 관리해야 할 대상은 복잡해지며, 진짜 의미의 안전망은 만들어지지 않는다.

다섯 개로 제한하는 원칙은 바로 이 함정을 원천적으로 막는다. 종목을 엄격히 줄여야, 단순히 이름만 다른 중복 매수가 아니라 진짜 의미 있는 선택을 할 수 있다. 결국 투자는 숫자를 채우는 일이 아니라, 겹치지 않는 확신을 모으는 일이다.

수익을 극대화하는 집중력

분산이 지나치면 오히려 수익률은 줄어든다. 확신을 가지고 매수한 종목이 큰 성과를 내더라도, 시드가 불필요한 종목들에 나뉘어 있으면 계좌 전체 수익은 희석될 수밖에 없다. 결국 좋은 종목을 잡고도 '내 계좌는 왜 생각보다 덜 오르지?' 하는 불만만 남는다.

돈을 벌고 싶다면 집중이 필요하다. 투자란 단순히 종목 수를 늘려 안도감을 얻는 게임이 아니다. 자본은 유한하고, 기회는 제한적이다. 그 제한된 자본을 확신 있는 종목에 모아둘 때 비로소 큰 수익이 가능하다. 다섯 개 이내라는 원칙은 자본을 효율적으로 배분하게 만들고, 진짜 수익을 내는 종목에 힘을 실어준다.

많은 투자자가 '혹시 모를 불안'을 이유로 종목을 늘린다. 그러나 불안은 안전을 주지 않는다. 오히려 계좌를 무겁게 하고, 성장의 기회를 분산시킬 뿐이다. 집중은 불안을 이기는 방법이자, 수익을 극대화하는 유일한 길이다. 결국 돈을 벌고 싶다면 분산이 아니라 집중으로 가야 한다.

결국 다섯 개라는 종목 개수 제한은 집중력을 키우는 훈련이며, 수익을 지켜내는 전략적 선택이다. 투자는 많이 담는 것이 아니라, 끝까지 책임질 수 있는 만큼만 담는 것이다.

매수한 종목은
최소 1년 이상 보유한다

대부분의 투자자는 단기 차익에 눈이 멀어 잦은 매매를 반복한다. 오를 때는 더 오를 것 같아 서둘러 사고, 조금만 떨어져도 불안에 휩싸여 팔아버린다. 그러나 이런 방식은 장기적인 성과를 결코 만들지 못한다. 결국 시장의 소음에 끌려다니는 단기 플레이어로 남을 뿐이다.

투자에서 가장 위험한 적은 변동성이 아니다. 그 변동성에 즉각 반응하는 조급함이다. 시장은 언제나 단기적으로 출렁이지만, 장기적으로는 우상향한다. 이 단순한 진리를 믿지 못하는 순간, 당신은 매번 오르고 내리는 파도에 흔들리며 에너지를 소모하게 된다.

우상향에 대한 믿음은 단순한 낙관이 아니다. 인류의 경제는 성장했고, 기업의 이익은 시간이 지날수록 커져왔다. 그 흐름을 신뢰하는 사람만이 복리의 힘을 얻는다. 시간은 조급한 투자자에게는 적이지만, 원칙을 지키는 투자자에게는 가장 든든한 아군이다.

결국 장기 성과를 만드는 힘은 복리다. 복리는 화려한 단타에서 나오지 않는다. 묵묵히 보유하고, 시간을 견디는 과정에서 쌓인다. 시장의 우상향을 믿고, 시간을 내 편으로 만드는 순간부터 당신은 이미 승자의 궤도에 올라선 것이다.

매수한 종목은 최소 1년 이상 보유한다. 이 단순한 규칙은 단타에 가까운 위험한 매매 습관을 원천적으로 차단하고, 투자를 장기적 시각에서 바라보게 만든다. 이 방식은 구체적으로 다음과 같은 힘을 발휘한다.

단타의 유혹에서 벗어나기

1년 이상 보유 원칙은 단기 시세차익을 노리려는 충동을 미리 차단한다. 매수와 동시에 매도의 가능성을 닫아버리면, 투자자는 단타라는 위험한 게임에서 자연스럽게 멀어진다. 단타는 본질적으로 운의 영향을 크게 받는다. 하루에도 수십 번 움직이는 차트를 읽어내기 위해서는 순간적인 판단력, 복잡한 기술적 분석, 수많은 경험, 그리고 타고난 감각까지 요구된다. 결국 단타는 소수의 전문 트레이더만이 제한적으로 성공할 수 있는 영역이다.

대부분의 투자자가 단타에 뛰어드는 순간 결과는 뻔하다. 처음에는 우연히 이길 수 있다. 그러나 곧 시장의 속도와 변동성에 휘말려, 감정에 끌리고, 운에 의존하게 된다. 그리고 반복되는 손실이 계좌를 잠식한다. 이것이 단타의 본질이다. 높은 난이도와 잔혹한 확률 앞에서, 일반 투자자가 장기간 살아남을 가능성은 극히 낮다.

반대로 세계적인 투자 대가들은 공통적으로 장기투자를 선택했다. 워런 버핏은 "좋은 기업을 찾아내면 영원히 보유하라"고 말했고, 피터 린치 역시 '텐배거 종목'의 힘은 긴 시간 보유에서 나온다고 강조했다. 이들은 누구보다 시장을 잘 아는 사람들이지만, 단타가 아닌 장기투자를 택했다. 이유는 단순하다. 단타는 아무리 잘해도 낮은 확률의 게임에 불과하지만, 장기투자는 기업의 성장과 복리라는 확실한 결과가 보장된 전략이기 때문이다.

결국 일반 투자자가 선택해야 할 길은 명확하다. 단타의 화려한 착각에 뛰어드는 것이 아니라, 장기투자의 지루한 길을 묵묵히 걷는 것이다. 1년 이상 보유 원칙은 그 길로 나를 강제로 이끌어주며, 동시에 시장의 소음에서 벗어나 진짜 성과를 쌓게 만든다.

꼭대기에서 팔 수 있는 기다림

기업의 가치는 하루아침에 변하지 않는다. 보유 기간을 길게 가져가야만 성장의 과실을 온전히 누릴 수 있다. 짧은 매매는 눈앞의 작은 이익만 남기지만, 장기 보유는 복리처럼 시간이 이익을 증폭시킨다. 최소 1년 이상 롱텀으로 시장을 바라볼 때, 투자자는 단기 등락에 흔들리지 않고 기업의 성장 궤적을 따라갈 수 있다.

시장은 언제나 큰 사이클로 움직인다. 1개월, 1년 단위로 보면 수익이 거의 없는 것처럼 보일 때도 많다. 오히려 마이너스의 구간을 견뎌야 하는 경우도 있다. 하지만 그 기간은 전체 흐름 속에서 하나의 파동일 뿐이다. 10년 뒤에 돌아보면, 그 답답한 시간들이 모여 엄청난 수익선을 만들어낸다.

투자의 본질은 이 보이지 않는 시간을 견디는 것이다. 시간을 동반자로 삼아 묵묵히 걸어갈 때만, 누구도 쉽게 도달할 수 없는 수익의 꼭대기에 설 수 있다. 결국 장기 보유는 인내의 다른 이름이고, 그 인내가 복리를 현실로 바꾼다.

확실한 종목만 매수하는 엄격한 기준

"최소 1년을 함께 간다"는 조건은 매수 자체를 훨씬 더 신중하게 만든다. 이 전제가 붙는 순간, 확신 없는 종목에는 손이 가지 않는다. 철저히 분석하고, 납득할 수 있는 기업만 포트폴리오에 담게 된다. 결국 보유 원칙은 단순히 시간을 정해두는 규율이 아니라, 매수 기준을 높이는 장치다.

반대로 "잠깐만 수익 먹고 빼야지"라는 태도로 접근하면 어떻게 될까? 이런 매수는 대부분 분석 없이, 확신 없이, 공부 없이 이루어진다. 눈에 띄는 소문 하나, 단기 뉴스 하나에 휩쓸려 가치 없는 종목을 잡게 된다. 그리고 그 종목은 기대처럼 움직이지 않는다. 불안이 시작되고, 조급한 매도가 이어지며 손실만 남는다. 결국 '짧게 벌고 나오자'는 태도는 투자자가 가장 피해야 할 함정이다.

1년 이상 보유한다는 전제는 이런 성급한 선택을 원천적으로 차단한다. 단기간에 수익만 챙기고 빠지려는 생각 자체를 배제하게 만들고, 정말 믿을 수 있는 기업만 남게 한다. 그래서 장기 보유 원칙은 단순히 매도를 늦추는 규율이 아니라, 애초에 '가치 없는 종목'을 걸러내는 강력한 필터다.

결국 1년 보유라는 약속은 단순한 기간의 문제가 아니다. 그것은 단타의 유혹을 끊어내고, 수익을 길게 확장하며, 매수의 기준을 단단하게 세우는 투자자의 자기 통제 장치다. 투자는 짧은 승부가 아니라, 시간을 친구로 삼는 장기 게임이다.

언제나 현금 비중 10%는 반드시 유지한다

투자 자산은 가능한 한 시장에 빠르게 투입되어야 한다. 현금을 손에 쥔 채 머무는 것은 곧 복리의 시간을 허비하는 일이다. 그러나 전액을 투자하는 것은 또 다른 위험을 만든다. 최소한의 현금은 반드시 보유해야 하며, 그것은 단순한 여유 자금이 아니라 위기 속에서 투자자를 지켜내는 전략적 장치다. 내 원칙은 명확하다. 투자 비중은 최대치로 끌어올리되, 현금 10%만큼은 반드시 남겨둔다. 이 방식은 구체적으로 다음과 같은 힘을 발휘한다.

팔아야만 하는 순간을 없애라

예기치 못한 개인적 지출이나 돌발 상황은 언제든 발생할 수 있다. 병원비, 경조사, 갑작스러운 생활비 지출처럼 투자가 아닌 삶에서의 변수는 피할 수 없다. 만약 현금이 전혀 없다면, 결국 원치 않는 시점에 종목을 매도해 충당할 수밖에 없다. 그리고 그 순간부터 투자는 더 이상 전략이 아니라 생계 수단으로 전락한다.

현금 10%는 이러한 강제 매도를 막아주는 최소한의 방어선이다. 단순히 여유 자금을 쌓아두는 것이 아니라, 내 투자 전략을 지켜주는 보험과도 같다. 더 중요한 점은 불가피한 매도가 곧 내 시나리오를 깨뜨린다는 사실이다. 분석과 확신에 따라 세운 전략은 흔들리고, 시장의 흐름이 아니라 개인적 상황이 매매를 결정하게 된다.

인생은 투자만으로 굴러가지 않는다. 누구에게나 예측할 수 없는 변수가 찾아온다. 그 변수를 대비할 장치가 없다면, 결국 삶의 사건 하나가 투자 전체를 무너뜨릴 수 있다. 현금 10%는 바로 그 변수를 흡수하는 완충장치다. 준비된 현금이 있기에 투자자는 일상의 불확실성에도 끄떡없이 원칙을 지킬 수 있다. 결국 현금은 단순한 보유가 아니라, 투자가 오직 전략과 원칙에 의해 실행되도록 지켜주는 장치다.

한 발 남아 있어 두려울 게 없다

소액의 현금은 단순히 쉬고 있는 자산이 아니다. 그것은 투자자의 심리적 여유다. "아직 한 발 남아 있다"는 사실은 공포장에서도 흔들리지 않게 만든다. 이 여유가 있어야 하락을 기회로 바라볼 수 있고, 시장의 변동성을 두려움이 아닌 매수의 신호로 전환할 수 있다. 현금은 단순히 계좌 한쪽에 남겨둔 잔액이 아니라, 불확실성을 견디게 하는 심리적 버팀목이다. 작은 여유가 있다는 사실이 투자자의 시각을 바꾸고, 같은 하락장에서 다른 선택을 가능하게 한다.

그리고 이 현금은 단순한 심리적 안전망을 넘어, 돌발 변수가 닥쳤을 때 결정적인 무기가 된다. 전쟁, 금융위기, 주요 기업의 파산 같은 대외 충격은 언제든 찾아온다. 이런 순간 시장은 패닉에 빠지고, 대부분의 투자자는 공포에 쓸려간다. 그러나 현금을 가진 투자자는 다르다. 모두가 던질 때 담을 수 있고, 모두가 두려워할 때 기회를 잡을 수 있다.

결국 소액의 현금은 단순한 대기 자금이 아니라, 위기를 기회로 전환하는 열쇠다. 준비된 자만이 불확실성을 활용할 수 있고, 그 차이가 장기적으로 어마어마한 격차를 만든다. 하락을 피할 수 없다면, 현금을 통해 하락을 내 편으로 만드는 것이다.

돈이 있어야 공부할 맛이 난다

현금이 남아 있다는 사실은 투자자를 시장에 붙잡아 두는 힘이 된다. 현금이 없으면 하락장에서는 무력한 구경꾼으로 남을 수밖에 없지만, 현금이 있으면 언제든 다시 들어갈 수 있다는 가능성이 생긴다. 그 가능성이 있기에 투자자는 끊임없이 새로운 종목을 공부하고, 흐름을 분석하며, 시장을 '내가 참여할 수 있는 무대'로 바라보게 된다. 결국 현금은 단순한 대기 자금이 아니라, 시장에 남아 있게 하고 학습을 지속하게 만드는 동력이다.

또한 소액의 현금을 유지한다는 것은 투자자의 학습 태도를 바꾸어 놓는다. 현금이 있을 때만 새로운 종목을 공부할 이유가 생기고, 시장을 단순히 구경하는 입장이 아니라 언제든 참여할 수 있는 플레이어의 시선으로 바라보게 된다. 결국 현금은 멈춰 있는 돈이 아니라, 학습을 지속하게 하고 시장과의 연결을 유지하게 하는 동력이 된다.

결국 현금 10% 원칙은 '투자 비중을 극대화하라'는 태도와 모순되지 않는다. 오히려 그 최소한의 현금이 있어야 흔들리지 않고, 위기 속에서도 기회를 잡을 수 있다. 투자는 올인all-in을 향한 도박이 아니라, 언제나 한 발을 남겨두는 전략적 게임이다.

익절, 매수하는 순간 정해지는 시장과의 약속

계좌에 수익이 쌓이면 마음은 흔들린다. 끝없이 오를 것 같은 기대와, 어렵게 번 돈이 사라질까 하는 두려움이 동시에 밀려온다. 익절이 어려운 이유는 시장의 변동 때문이 아니다. 기대와 불안이 교차하는 순간, 우리는 쉽게 조급해지고 잘못된 결정을 내린다. 그래서 익절을 원칙 실행의 결과로 바꾸기 위해 기준을 세웠다.

1. 매도는 매수하는 순간 결정해야 한다

2. '얼마에 판다'가 아니라 '언제 판다'로 시기를 정해야 한다

3. 매도는 반드시 세 번 이상에 나누어야 한다

4. 강한 추세가 이어진다면 예외적으로 조정하되, 일부는 반드시 매도한다

이 네 가지 원칙은 감정이 아니라 논리로 움직이게 만든다. 덕분에 매도는 두려운 결단이 아니라, 처음부터 설계된 투자 과정의 한 부분이 되었다. 매도는 더 이상 나를 흔드는 순간이 아니라, 계획된 시나리오의 완결이다.

매도는 매수하는 순간 결정해야 한다

매도 전략은 매수 이후에 갑자기 떠올려서는 안 된다. 투자자는 매수 버튼을 누르는 순간, 이미 매도까지의 시나리오를 세워야 한다. 언제 팔 것인지, 어떤 조건에서 정리할 것인지가 정해져 있어야 비로소 매수 자체가 완전한 전략이 된다. 매수와 매도는 분리된 행위가 아니라, 하나의 연속된 과정이다.

이 시나리오적 접근은 감정 개입을 차단한다. 계획 없이 매수를 했다면, 주가는 매 순간마다 유혹과 두려움으로 투자자를 흔든다. 그러나 매도까지의 경로가 정해져 있다면, 시장의 소음 속에서도 투자자는 흔들리지 않고 정해진 길을 따라간다. 매도는 순간의 선택이 아니라, 시나리오에 맞춘 자연스러운 결론이 된다.

물론 엄청난 실력을 가진 일부 투자자들은 하루 종일 시장을 지켜보며 유동적으로 매도 시점을 조정할 수 있다. 하지만 일상과 병행하며 투자하는 대다수에게는 완벽한 분석이 사실상 불가능하다. 업무와 생활에 시간을 쓰다 보면 시장의 세밀한 변화를 놓칠 수밖에 없고, 결국 감정에 의한 매도가 더 쉽게 일어난다. 그렇기에 긴 호흡의 시나리오가 필수적이다. 보유 기간과 매도 조건을 사전에 구체화해두어야, 불완전한 분석과 순간적 감정을 뛰어넘을 수 있다. 결국 시장을 긴 사이클로 보고 매도 시기를 명확히 설정하는 습관이야말로 실수를 줄이고 투자를 지켜내는 가장 현실적인 해법이다.

'얼마에 판다'가 아니라 '언제 판다'로 시기를 정해야 한다

대부분의 투자자는 매도 금액을 정해놓고 투자한다. "이 가격이 오면 판다." 하지만 그 기준은 불확실하다. 그 가격이 언제 올지, 혹은 영영 오지 않을지 아무도 알 수 없기 때문이다. 시장은 수많은 변수를 품고 움직이고, 가격은 그 변수를 가장 민감하게 반영한다. 그래서 금액만을 매도 기준으로 삼는 순간, 투자자는 매일의 변동성에 흔들릴 수밖에 없다. 오늘은 목표에 가까워진 듯 보이다가 내일은 멀어지고, 그 과정에서 계획은 수없이 흔들리고 수정된다. 결국 '얼마에 판다'는 원칙은 투자자를 지켜주는 기준이 아니라, 오히려 투자자를 시장의 소음에 끌려 다니게 만드는 족쇄가 된다.

반대로 매도 시점을 정하는 것은 훨씬 더 명확하다. 시나리오에 따라 매도 시기를 정해두면, 그 순간부터 매도는 변하지 않는 약속이 된다. 단기적인 등락에 휘둘릴 이유가 없다. 중요한 것은 가격이 아니라 흐름이다. 시장의 사이클을 인정하고, 그 사이클의 끝과 시작에 맞춰 시기를 정한다면 투자자는 훨씬 더 차분해진다. 욕심이 끼어들 틈도 줄어든다. 가격이 아닌 시간을 기준으로 삼는다는 것은, 시장을 통제하려 하기보다 시장의 리듬에 맞춰 걷겠다는 뜻이다. 그렇게 할 때 수익은 보다 안정적으로 지켜지고, 투자는 감정이 아닌 원칙으로 굳어진다. 결국 매도는 금액이 아니라 시간의 문제다.

매도 또한 세 번 이상에 걸쳐 나누어야 한다

매도를 한 번에 끝내는 것은 위험하다. 전량 매도는 투자자를 다시 불안과 후회의 자리로 끌어간다. 매도 직후 가격이 더 오르면 FOMO(놓칠까 두려움)에 휩싸이고, 다시 충동적으로 높은 가격에 매수하는 실수를 반복하기 쉽다. 따라서 매도는 반드시 여러 번에 걸쳐 나누어야 한다.

예를 들어, 매도 목표 시점에 도달했을 때, 일주일이나 한 달 간격으로 20% → 30% → 50%로 나누어 매도하는 방식이다. 이렇게 구조를 세워두면 후회와 불안에 흔들리지 않고, 더 균형 잡힌 결정을 내릴 수 있다. 매도 또한 매수와 마찬가지로 시기를 나누어 전략적으로 실행해야 한다.

세 번 이상의 분할 매도는 감정을 다스리는 장치이자, 안정적인 수익을 확보하는 방법이다. 시나리오에 따라 정해둔 시기에 나누어 매도하면, 일부는 확정 수익으로 챙기고 나머지는 상승의 기회를 이어갈 수 있다. 이렇게 구조를 세워두면 후회와 불안에 흔들리지 않고, 더 균형 잡힌 결정을 내릴 수 있다. 매도 또한 매수와 마찬가지로, 시기를 나누어 전략적으로 진행해야 한다.

강한 추세가 이어질 때의 예외적 조정

원칙적으로 매도 시점은 반드시 지켜야 한다. 그러나 시장은 살아 있는 유기체다. 정해진 시점이 되었음에도 불구하고 강한 상승 추세가 이어진다면, 예외적으로 유동성 환경, 펀더멘털 강화 여부 등을 고려해 매도 시기를 조정할 수 있다. 원칙은 현실에 맞게 유연하게 적용될 필요가 있다.

하지만 이 유연성은 결코 원칙을 무너뜨려서는 안 된다. 시점이 도래했을 때 10%라도 반드시 매도해야 한다. 이렇게 해야 투자자가 스스로의 규율을 지키고, 전략을 신뢰할 수 있다. 원칙 없는 예외는 변명이고, 원칙 속의 예외만이 전략이다. 결국 중요한 것은 시장에 휘둘리는 것이 아니라, 원칙을 기반으로 시장을 활용하는 태도다.

손절, 다음 스텝으로 나아가기 위한 준비

손절은 언제나 마음이 무겁다. 내 손으로 클릭해 손실을 확정한다는 건 쉽지 않은 일이다. 하지만 손절은 투자에서 피할 수 없는 과정이다. 나 역시 여러 번의 손절을 거치며 불필요한 손실을 막고, 수익을 지켜낼 수 있었다.

문제는 원칙 없는 손절이다. 이유 없이, 두려움 때문에 저지르는 손절은 그저 돈만 잃는 행동이 된다. 손절은 반드시 다음 단계로 이어지기 위한 과정이어야 하고, 정해둔 조건이 충족되었을 때만 실행해야 한다. 나의 손절 원칙은 다음과 같다.

1. 매수가 원칙에서 벗어났다면 곧바로 손절한다.
2. 매수 근거가 변하지 않았다면 손절하지 않는다.

3. 물타기는 -20% 구간에서 시작한다.

4. 더 확실한 시나리오가 있다면 천천히 자금을 이동한다.

매수가 원칙에서 벗어났다면 곧바로 손절한다

앞서 말했듯이 매수와 매도는 연결되어 있다. 우리는 언제나 원칙에 맞는 매수를 진행하려 하지만, 사람이기에 감정적인 매수, 잘못된 매수, 어설픈 시나리오에 의한 매수를 하게 된다. 이러한 순간은 이미 투자 시스템이 무너진 상태다. 처음의 판단 근거가 허약했거나 감정적 충동으로 이뤄진 매수라면, 그 뒤의 결과는 대부분 우연에 맡겨지게 된다. 이때는 주가의 방향성보다 원칙이 무너졌다는 사실 자체가 손절의 이유가 된다. 빠르게 손절 타이밍을 잡는 것은 원칙의 균형을 되찾는 행동이다.

우리는 이때 손실의 크기를 따질 필요가 없다. -5%든 -10%든 손실률 자체는 중요하지 않다. 중요한 건 우리의 매수가 잘못되었다는 사실이 명백해졌을 때, 더 큰 손실로 이어지기 전에 과감히 결정을 내리는 것이다. 뜨거웠던 감정이 식고, 매수 판단이 틀렸음이 드러난다면 망설임 없이 매도 버튼을 눌러야 한다. 손절은 단순히 손실을 확정하는 행동이 아니라, 더 큰 위험을 막고 다시 원칙으로 복귀하는 전략적 행위다.

매수 근거가 변하지 않았다면 손절하지 않는다

우리는 명확한 시나리오와 확신을 가지고 매수를 결정한다. 그리고 그 근거가 여전히 건실하게 유지되고 있다면, 일시적인 하락률과 상관없이 손절할 이유는 없다. 시장은 때로 우리의 판단보다 늦게 반응한다. 이 지연은 실패가 아니라 과정이다. 우리가 세운 분석과 시나리오가 여전히 유효하다면, 단기적인 가격 변동은 오히려 참고 견뎌야 할 신호에 불과하다.

우리는 시간을 우리 편으로 만들어야 한다. 근거가 변하지 않았다면 하락은 오히려 더 큰 기회를 뜻한다. 같은 자산을 더 낮은 가격에 담을 수 있는 순간이고, 이는 장기적으로 수익률을 더욱 끌어올리는 힘이 된다. 흔들리지 않고 버틴 시간과 과감히 늘린 비중은 결국 수익이라는 보상으로 돌아온다. 손절은 근거가 무너졌을 때만 의미가 있고, 근거가 살아 있다면 하락은 기회이며, 기다림은 가장 강력한 전략이다.

물타기는 −20% 구간에서 시작한다

그럼에도 불구하고 하락폭이 크게 벌어지는 순간은 언제든 찾아온다. 이럴 때 우리는 물타기를 고려해야 한다. 물타기는 주가가 하락했을 때 추가 매수해 평균 단가를 낮추는 행위다. 반면 불타기는 주가가 상승했을 때 추가 매수해 평균 단가를 높이는 행위다.

나는 개인적으로 물타기를 선호하지 않는다. 대부분의 경우 물타기보다 불타기가 더 높은 수익률을 가져다주며, 많은 투자자들이 아무 대책 없이 무작정 물타기를 하다가 시드를 소모하기 때문이다. 그러나 앞서 말한 것처럼 우리의 시나리오와 근거가 여전히 유효하지만 하락폭이 지나치게 커졌을 때는 예외적으로 물타기를 활용할 수 있다.

다만 물타기는 –20% 구간부터 시작하는 것이 바람직하다. 그 이유는 단순하다. –10% 이상 하락했다는 것은 이미 추세가 하락 전환되었다는 신호이며, 바닥이 어디인지 알 수 없는 상황이 대부분이다. 이 구간에서 성급하게 물타기를 시도하면 평단가는 충분히 낮아지지 않고, 오히려 시드만 갉아먹게 된다. 반대로 –20% 구간은 임계점이다. 여기서부터는 다시 평단으로 돌아가기 위해 요구되는 상승률이 급격히 커진다. 아래의 표를 보자.

숫자가 말해주듯, –20%를 넘어가면 복구에 필요한 상승률이 가파르게 증가한다. –33% 하락 시에는 49%, –50% 하락 시에는 무려 100%의 반등이 필요하다. 그렇기에 나는 –20% 구간에서 물타기를 시작해 손실 폭을 –20% 이내로 관리하는 전략을 취한다. 이렇게 하면 추세가 반전될 때 빠르게 플러스로 복귀할 수 있으며, 불필요하

손실률	평단까지 회복하기 위한 상승률
-10%	11%
-20%	25%
-30%	49%
-50%	100%

게 시드를 소진하지 않고도 안정적인 회복을 기대할 수 있다. 다만, 물타기는 기본적으로 좋은 전략이 아니므로 명확한 기준이 있어야 한다. 나의 기준은 다음과 같다.

1. 물타기를 하며 포트폴리오 비중을 높일 만큼 이 종목에 확신이 있는가
2. 물을 타려는 시점에 더 높은 가치나 성장성을 보여주는 종목이 없는가
3. 나의 시나리오 안에서 이 종목의 상승 기대치가 지금도 충분한가

이 세 가지 기준을 충족하지 않는다면, 나는 물타기를 진행하지 않는다. 언제나 물타기는 감정을 배제하고, 이성적으로 접근할 때에만 성과를 거둘 수 있다. 물타기는 현재 내가 가진 현금을 활용하기에, 해당 종목이 제1순위라고 판단될 때만 진행한다는 것이다. 그렇지 않다면, 더 이상의 자금 투입은 과감히 멈춘다. 현금은 한정되어 있고, 기회는 언제든 다시 온다. 따라서 확신 없는 물타기는 단순한 감정의 발로일 뿐이며, 원칙 속에서 제한적으로만 이루어져야 한다.

더 확실한 시나리오가 있다면 천천히 자금을 이동한다

우리는 투자 과정에서 끊임없이 공부하고, 더 나은 기회를 찾아간다. 그 과정에서 기존 보유 종목보다 더 확실한 시나리오와 성장성을 가진 종목을 발견할 수도 있다. 이때 우리는 기존 보유 종목의

시나리오와 새롭게 발견한 종목의 가능성 중에서 선택해야 한다. 만약 새로운 종목이 충분한 근거를 갖추었고, 우리의 확신이 더 크게 쏠린다면 현재 보유한 종목이 마이너스를 기록하고 있더라도 자금을 천천히 이동시킬 수 있다.

그러나 이 원칙은 단순한 직감이나 단기적 뉴스에 흔들려서 실행할 수 있는 것이 아니다. 기존 종목의 매수 근거를 재검토하고, 새로운 종목의 성장 시나리오를 냉정하게 비교하는 과정이 필요하다. 이는 경험 많은 투자자만이 취할 수 있는 전략이며, 충분한 학습과 시간을 쌓아야만 가능하다. 그렇기에 이 네 번째 원칙은 긴 시간 축적된 투자 경험을 가진 이들에게만 권한다.

투자는 결국 정신력 싸움, 멘탈도 기술적 관리가 필요하다

결국 투자는 정신력, 즉 멘탈mental 싸움이다. 시장은 언제나 불확실하고, 예측할 수 없는 움직임으로 투자자를 시험한다. 차트와 지표, 수많은 데이터가 우리 앞에 놓여 있어도, 그 순간의 결정을 이끄는 것은 결국 마음이다. 지식과 분석은 출발점일 뿐이며, 마지막 선택을 가르는 힘은 자신의 멘탈을 얼마나 잘 다스리느냐에 달려 있다.

투자자는 누구나 원칙을 세운다. 매수와 매도의 기준, 리스크 관리의 규칙, 장기적인 목표까지 갖추지만, 실제 상황이 닥치면 그 모든 것은 흔들리기 쉽다. 눈앞에서 가격이 급등하거나 급락하는 순간, 본능은 끊임없이 속삭인다.

"이번만은 예외로 해도 괜찮다."

그러나 이런 작은 타협이 반복될수록 원칙은 무너지고, 전체 투자 여정은 예상치 못한 방향으로 흘러간다. 그래서 중요한 것은 단순히 원칙을 '세우는 것'이 아니라, 그 원칙을 끝까지 '지켜낼 수 있는 힘'을 기르는 일이다.

여기서 멘탈 관리의 본질이 드러난다. 멘탈은 저절로 단단해지지 않는다. 단순히 마음을 다잡겠다는 다짐만으로는 감정을 통제할 수 없다. 멘탈은 하나의 기술이며, 의도적인 훈련과 구조적인 설계를 통해 길러져야 한다. 투자자는 자신이 어떤 순간에 흔들리는지 알아야 하고, 그때를 버텨낼 수 있는 행동 지침을 마련해야 한다. 또한 불필요한 동요를 줄일 수 있는 환경을 스스로 설계해야 한다. 멘탈은 의지가 아니라, 습관과 준비에서 비롯되는 결과다.

따라서 알파투자자가 된다는 것은 단순히 좋은 종목을 찾아내는 능력으로 정의되지 않는다. 그것은 불확실성 속에서도 흔들리지 않고, 자신을 끝까지 지켜낼 수 있는 힘을 갖추는 것이다. 시장을 해석하는 눈보다 더 중요한 무기는 자신을 지탱할 수 있는 멘탈 관리의 기술이다. 이 기술이 없다면, 아무리 뛰어난 분석과 전략을 가지고 있어도 오래 버티기 어렵다. 반대로 이 기술을 갖춘 사람만이 시장의 변동성을 기회로 바꾸고, 장기적인 성과를 만들어낼 수 있다.

FOMO 위로금 전략

FOMO는 투자자가 절대 피할 수 없는 감정이다. 내가 오랫동안 지켜보던 종목이 갑자기 치솟을 때, 머리로는 침착해야 한다는 걸

알지만 마음은 조급해진다. "지금 안 사면 다시는 기회가 없을 것 같다"는 불안이 몰려온다. 이런 순간에 이성을 잃고 뛰어드는 경우가 대부분이고, 결과적으로는 고점에 물려 후회하게 된다.

나는 이 불가피한 감정을 인정하는 대신, 나만의 방법을 만들었다. 그것이 바로 'FOMO 위로금'이다. 내가 사려던 특정 종목이 오르며 마음이 흔들릴 때, 큰 금액을 투자하는 대신 최소한의 소액, 보통 30~50만 원 정도만 매수하는 것이다. 이 정도 금액은 수익이 나도 의미 있는 규모가 아니고, 손실이 나도 감내할 수 있는 수준이다. 중요한 것은 돈이 아니라, "놓치지 않았다"는 심리적 위로다.

이 방식의 핵심은 '위로금'이라는 인식이다. 원칙을 어겼다는 대가를 감정적으로 지불하는 셈이다. 만약 종목이 더 오르면 뒤처지지 않았다는 위로가 되고, 떨어지더라도 "그래도 위로금만 냈다"는 안도감을 준다. 큰돈이 아니기에 계좌에 치명적 영향을 주지 않으면서도, 감정의 균형을 회복시켜준다.

결국 FOMO 위로금은 충동적인 실수를 막기 위한 장치다. 투자자는 누구나 불안과 조급함 속에서 흔들린다. 하지만 이런 작은 장치를 통해 감정을 흘려보내면, 원칙을 지키면서도 심리적 안정을 얻을 수 있다. 나는 이 과정을 통해, FOMO를 억누르는 것이 아니라 받아들이고 관리하는 것이 진짜 멘탈 관리라는 사실을 배웠다.

그러나 중요한 것은 이러한 매수는 반복되거나, 액수가 커지면 안 된다. 위로금은 어디까지나 감정을 다루기 위한 장치이지, 새로운 투자 전략이 될 수 없다. 순간적인 불안을 달래려는 작은 선택일 뿐, 이를 습관처럼 반복하면 결국 또 다른 형태의 충동 매매로 굳어지고 만다. 액수가 커질수록 '위로금'은 본래의 의미를 잃고, 오히려 계좌를 갉아먹는 독이 된다.

현금 비중 '강제 계좌' 만들기

투자를 오래 하다 보면 누구나 공통적으로 맞닥뜨리는 문제가 있다. 바로 현금 비중을 지키지 못한다는 것이다. 시장이 뜨거울수록 "남김없이 넣어야 한다"는 유혹이 강하게 밀려온다. 하지만 이런 식으로 전부 투자해버리면, 급락장이 왔을 때 대응할 수 있는 수단이 사라지고, 결국 공포 속에서 원치 않는 손절을 하게 된다. 그래서 나는 언제나 강제적인 현금 비중을 유지하는 방식을 택한다.

구체적으로는 전체 투자금의 최소 10%를 반드시 현금성 자산으로 분리해둔다. 이때 단순히 자유롭게 꺼내 쓸 수 있는 계좌가 아니라, ISA나 연금저축처럼 당장 현금을 쉽게 인출할 수 없는 계좌에 넣어둔다. 이렇게 하면 충동적으로 쓰려는 욕구를 억누를 수 있고, 동시에 세금 환급이나 절세 효과까지 챙길 수 있다. 심리적 안전망과 재무적 이익을 동시에 누리는 셈이다.

이 돈은 어떤 상황에서도 함부로 건드리지 않는다. 오직 5~10년에 한 번 오는 급락장이 왔을 때만 사용한다. 이렇게 분리된 계좌가 있다는 사실만으로도 멘탈이 크게 안정된다. 시장이 완전히 무너지더라도 "나는 대응할 총알이 있다"는 확신이 생기고, 불필요한 공포에서 자유로워진다. 결국 강제적인 현금 비중은 단순히 투자 전략의 일부가 아니라 멘탈 관리의 핵심 장치다.

자동이체 활용한 '투자 타이머'

월급날에 맞춰 자동이체로 ETF를 정기 매수하는 방법은 투자 원칙을 생활 속에서 지키게 만드는 가장 현실적인 장치다. 사람은 누구나 시장이 오를 때는 더 사야 할 것 같고, 떨어질 때는 당장 팔아야 할 것 같은 충동에 흔들린다. 하지만 한 번 설정해둔 자동이체는 감정의 개입을 차단하고, 매달 같은 날 같은 금액으로 투자하도록 강제한다. 이 단순한 구조만으로도 멘탈은 훨씬 단단해진다.

여기서도 나는 앞장에서 강조한 '시드의 1%씩 3개월에 걸쳐 분할 매수하는 원칙'을 그대로 적용한다. 몰빵 매수가 아니라, 시간을 두고 나누어 사들이는 방식이다. 자동이체 기능은 이 원칙을 매번 고민 없이 실행하도록 만들어준다. 즉, 내가 세워둔 투자 규율을 감정이 아니라 시스템이 대신 지켜주는 셈이다.

요즘은 국내 증권사들이 이런 원칙을 자동화할 수 있는 기능을 제공하고 있다. 한국투자증권의 'ETF 적립식 매수 서비스', '삼성증권의 ETF 모으기'가 대표적이다. KB증권, 미래에셋, NH투자증권 등도 비슷한 서비스를 제공하고 있어, 투자자는 종목과 금액만 정해두면 원하는 주기에 맞춰 자동으로 매수가 이루어진다.

이런 시스템을 활용하면 원칙은 더 이상 '지켜야 하는 것'이 아니라 '자동으로 실행되는 것'이 된다. 투자에서 가장 어려운 부분은 늘 같은 원칙을 반복하는 지루함을 견디는 일이다. 자동이체는 그 지루함을 습관으로 바꿔주고, 습관은 결국 장기적인 복리의 힘을 현실로 만들어준다.

투자 어플 알림 끄기

하루에 정해진 시간(예: 오전 10시, 저녁 9시) 딱 두 번만 계좌를 확인하는 것을 권장한다. 수시로 들여다보는 습관을 끊으면, 불필요한 불안과 충동 매매를 크게 줄일 수 있다.

이를 실천하기 위한 출발점은 어플리케이션 알림을 차단하는 것이다. 호가 변동이나 체결 알림이 계속 울리면, 의도하지 않아도 손은 계좌로 향하고 시선은 시세에 붙잡힌다. 하루 종일 시장에 끌려다니는 습관이 형성되는 순간, 투자자는 원칙보다 감정에 지배당하기 쉽다. 그러니 처음부터 통로를 닫아야 한다. 불필요한 알림을 꺼버리는 일은 단순한 설정 변경이 아니라, 투자자의 마음을 지키기 위한 첫 번째 방어막이다.

또한 계좌 확인 시간을 캘린더에 아예 일정으로 박아두는 것도 도움이 된다. 마치 회의나 운동 시간을 정하듯, 오전 10시와 저녁 9시에 확인한다는 루틴을 캘린더에 넣어놓고, 그 외 시간엔 아예 어플리케이션을 열지 않는다. 처음엔 습관이 잘 안 잡히니, 차라리 어플리케이션을 홈 화면에서 빼버리거나 '디지털 웰빙' 기능으로 특정 시간대에는 실행을 차단하는 것도 방법이다.

마지막으로, 확인할 때는 단순히 잔고를 보는 데서 멈추지 말고, 짧게 기록을 남겨보는 것이 좋다. 오늘 확인했을 때 느낀 감정이나 시장 분위기를 한 줄로 적어두면, 그 기록이 곧 나의 심리 패턴을 잡아주는 데이터가 된다. 단순히 '보는 습관'을 '생산적인 습관'으로 바꿔주기 때문이다.

실험용 소액 계좌 따로 만들기

투자자의 멘탈을 지키기 위해 계좌를 이원화하는 전략은 단순한 편의가 아니라, 장기적 성과를 보존하기 위한 구조적 장치다. 본 계좌는 원칙 기반의 장기투자 자산만을 담아야 하며, 이 계좌에서는 어떠한 충동적 매매도 허용되지 않는다. 반면 별도로 마련한 소액 계좌는 단기적 호기심이나 실험적 투자를 소화하는 용도로 활용된다. 이러한 분리는 불필요한 충동으로 인해 장기 포트폴리오가 훼손되는 위험을 차단한다.

계좌가 하나뿐일 경우, 투자자는 순간적인 뉴스·소문·시장 변동성에 직접적으로 노출되어 전체 자산에 영향을 미치는 결정을 내리기 쉽다. 그러나 계좌를 분리하면 충동은 실험 계좌로 흘러가고, 본 계좌는 구조적으로 보호된다. 결과적으로 장기투자 원칙은 안정적으로 유지되며, 실험 계좌에서 발생하는 손실은 제한적 규모에 머무른다.

더 나아가 이 방식은 학습 효과를 제공한다. 실험 계좌는 작은 비용으로 다양한 전략과 매매 방식을 시험할 수 있는 장이며, 실패조차도 유의미한 데이터로 축적된다. 반면 본 계좌는 안정적인 성장의 궤적을 지속하기 때문에, 투자자는 심리적 균형을 유지하면서도 경험적 통찰을 쌓아갈 수 있다.

궁극적으로 계좌 분리는 자산 관리와 멘탈 관리라는 두 가지 목표를 동시에 달성하게 한다. 본 계좌는 투자 철학과 장기적 복리를 지키는 '핵심 엔진'이 되고, 실험 계좌는 충동과 호기심을 해소하는 '완충

장치'로 기능한다. 이는 단순한 관리 기법을 넘어, 장기투자 생존을 위한 체계적이고 전문적인 자기 통제 전략이라고 할 수 있다.

포트폴리오는
인생의 발자취:

PART 6

인생 사이클에 맞는 최적화

∙
∙
∙
∙
∙
∙

　투자 기간이 길어질수록 우리는 단순히 '좋은 종목을 고르는 것'만으로는 부족하다는 사실을 깨닫게 된다. 개별 종목의 분석은 마치 단편적인 전투에서 이기는 기술과 같다. 그러나 시간이 흐르고, 계좌 안에 종목이 늘어날수록 본질적인 질문이 생긴다.

　"나는 내 시드를 어떻게 나눠야 할까?", "몇 개 종목을 유지하는 것이 적정할까?" 이 질문에 답하지 못하면, 우리의 계좌는 방향 없는 '주식 백화점'으로 변해버린다. 수십 개 종목이 흩어져 있고, 어느 종목에 얼마가 들어갔는지도 헷갈리는 순간이 온다.

　바로 이 지점에서 포트폴리오 전략은 '선택'이 아니라 '필수'가 된다. 수익을 극대화하는 것뿐 아니라, 하락장에서 방어력을 확보하기 위해서도 구조적인 설계가 필요하다. 분산이 곧 안전망이라는 단순한 말로는 부족하다. 중요한 것은 분산의 전략이 얼마나 정교한가이다. 동일한 종목 개수라도, 어느 정도의 비중으로, 어떤 성격의 자산군을 조합했는지에 따라 계좌의 운명이 달라진다. 종목 선정이 개별적인 전술이라면, 포트폴리오는 전쟁에 승리하는 전략이다.

특히, 투자자가 인생의 어느 사이클에 있는가에 따라 최적의 포트폴리오는 달라진다. 동일한 전략이 모든 시점에 통용되는 것은 아니며, 각 사이클마다 요구되는 균형과 비중은 다르게 설정되어야 한다.

물론, 포트폴리오를 본격적으로 구성하는 일은 앞 장에서 언급한 초보 단계를 벗어난 이후부터 시작하는 것이 적절하다. 그 이전 단계에서는 안정적인 ETF를 중심으로 투자 경험을 쌓고, 시장 구조와 기본 원리를 이해하는 과정을 반드시 거쳐야 한다. 이러한 기초 위에서만 비로소 포트폴리오 다각화가 의미 있는 전략으로 작동할 수 있다. 따라서 본 챕터에서는 이러한 맥락을 전제로, 투자자의 상황과 성숙도에 맞추어 실행할 수 있는 포트폴리오 구축 전략을 체계적으로 다루고자 한다.

2030, 가장 빠른 말에 올라타라

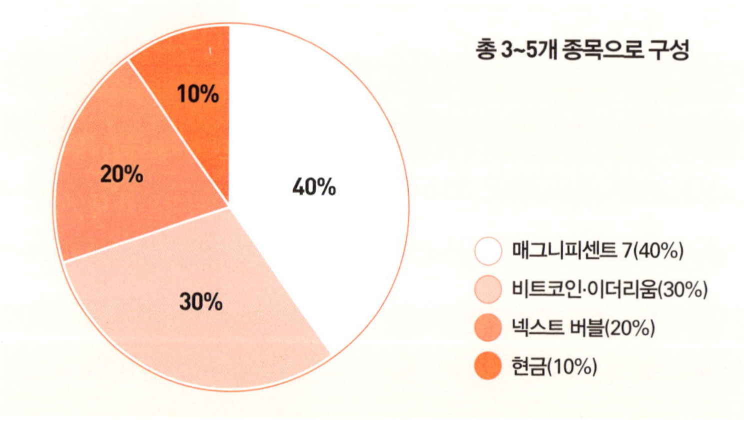

　　2030 투자자는 광범위한 분산보다 선택과 집중에 기반한 포트폴리오가 더 효과적이다. 자산이 충분히 크지 않은 상황에서 수십 개의 종목에 자금을 나누는 것은, 실제로는 수익률을 평균치로 희석시키는 결과를 낳는다. 자산이 적을수록 '적정 규모의 집중'이 필요하다. 초기 자산 증식 구간에서는 3~5개의 확신 있는 자산에 집중 투자함으로써 성장 속도를 높일 수 있다.

이 원칙은 단순히 모험을 권장하는 것이 아니다. 광범위한 분산은 변동성을 줄여주는 장점이 있지만, 동시에 성장 가능성을 제한한다. 반대로 선택과 집중은 개별 자산의 성과가 계좌 전체에 직접적으로 반영되기 때문에, 시장을 선도하는 자산을 잡아낼 경우 기하급수적인 성장을 가능하게 한다. 물론 이 과정에서 위험은 더 커지지만, 20~30대는 '시간'이라는 자산을 갖고 있어 회복할 여력이 충분하다.

따라서 이 시기의 투자자는 단순히 '많이 나누는 분산'이 아니라, 한정된 종목에 얼마만큼의 비중을 둘 것인지를 치밀하게 설계해야 한다. 선택과 집중을 통해 계좌의 성장을 이끄는 빠른 말들을 확보하고, 동시에 장기적으로 신념을 유지할 수 있는 구조를 만드는 것. 그것이 20~30대 투자자의 핵심 전략이다.

매그니피센트 7

앞부분에서도 강조했듯, 매그니피센트 7은 단순히 미국 주식시장의 일부가 아니라, 지난 10여 년간 글로벌 증시 전체의 성장을 주도해온 핵심 동력이다. 애플, 마이크로소프트, 엔비디아, 아마존, 메타, 알파벳, 테슬라로 대표되는 이 기업들은 각자의 산업에서 독점적 지위를 구축했을 뿐만 아니라, 인공지능·클라우드·모바일·전기차 등 미래 산업의 패러다임을 주도하고 있다. 다시 말해, 매그니피센트 7은 '성장 섹터'가 아니라 '성장 자체를 정의하는 기업군'이다.

많은 투자자들이 "미국 주식은 언제나 우상향한다"라고 단순화

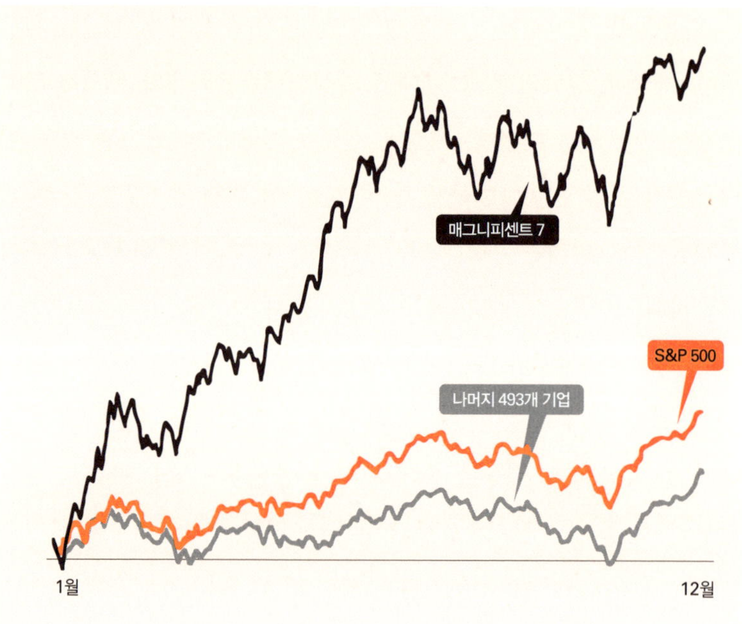

하지만, 실제 지수를 분해해 보면 이야기는 달라진다. S&P 500 전체의 장기 흐름을 살펴보면, 이 7개 종목을 제외한 나머지 493개 기업의 성과는 사실상 횡보에 가까운 추세를 보여왔다.

즉, 미국 주식시장의 장기적 우상향 신화는 대부분 소수의 리더십 종목, 곧 매그니피센트 7이 만든 결과였다. 실질적인 자산 증식을 견인한 것은 바로 이 기업들이었고, 따라서 이들을 놓치고 '미국 주식 전체'라는 이름만 믿는 전략은 본질적으로 평균에 안주하는 길일 뿐이다.

이 때문에 조금 더 안정적으로 접근하고 싶은 투자자라면 매그니피센트 7의 비중이 높은 ETF를 선택하는 것이 합리적이다. 반면, 보다 능동적인 투자자는 7개 종목 중 자신이 확신할 수 있는 1~2개를 깊이 공부하고 장기적으로 보유하는 전략을 취할 수 있다. 이렇게 하면 시장 전반의 잡음을 피하면서도, 세계 경제의 중심축을 움직이는 기업들의 성장을 직접적으로 계좌에 반영할 수 있다. 매그니피센트 7은 단순히 '빠른 말'이 아니라, 자산을 장기적으로 증식시키는 가장 검증된 길이라는 점에서 2030 투자자가 반드시 짚고 넘어가야 할 축이다.

비트코인: 디지털 금, 새로운 화폐 질서

비트코인과 이더리움은 전 세계 금융 질서와 자본 흐름을 근본적으로 바꾸고 있는 새로운 패러다임의 기둥이다. 이 변화를 먼저 인식하고 참여한 이들만이 막대한 부와 자산의 퀀텀점프를 만들어 낼 수 있다. 이미 달러 패권은 구조적 균열을 보이고 있으며, 미국은 달러의 힘이 약화되더라도 자국 경제를 떠받칠 새로운 질서를 필요로 한다.

그 새로운 질서를 지탱하는 두 축이 바로 비트코인과 이더리움이다. 우리는 최대한 이른 시기에 이 자산의 비중을 늘려야 한다. 비트코인과 이더리움에 대해 얘기하려면 책 한 권이 필요하지만 최대한 간략하게 핵심 내용만을 전하려 한다.

비트코인은 달러 체제의 한계를 보완하는 디지털 금이다. 현 금융 시스템은 달러 발행과 미국 국채 발행을 통해 세계 자본을 끌어들이는 구조 위에 있다. 그러나 이 구조는 부채의 무한 확대와 통화 가치의 희석이라는 근본적 한계를 갖고 있다. 인플레이션이 반복될수록 화폐의 구매력은 줄어들고, 달러의 신뢰는 약화된다.

비트코인은 이러한 한계에 대한 대안으로 등장했다. 발행량은 2,100만 개로 영구적으로 제한되어 있으며, 누구도 인위적으로 공급을 늘릴 수 없다. 또한 블록체인 네트워크를 기반으로 거래가 투명하게 기록되고, 국가 권력에 의해 임의로 검열되거나 조작될 수 없다. 이 특성은 금이 과거에 기축 자산으로 기능했던 원리를 디지털 시대에 재현하는 것이다. 금은 물리적 제약으로 인해 글로벌 결제 시스템에 한계가 있었지만, 비트코인은 희소성·투명성·검열 저항성을 그대로 유지하면서도 디지털 시대에 맞는 이동성·분할성까지 갖췄다.

따라서 비트코인은 단순히 또 하나의 투자 자산이 아니라, 21세기 금융 시스템의 새로운 기축 자산으로 부상하고 있다. 미국 입장에서도 비트코인을 완전히 배척하기 어렵다. 달러가 흔들릴 경우, 자국 금융 시스템을 지탱하기 위한 새로운 신뢰 기반으로 비트코인을 활용할 가능성이 열려 있기 때문이다.

비트코인은 지금까지 인류 역사상 가장 빠르게 성장한 자산이다. 그 채택 속도는 과거의 어떤 기술보다도 훨씬 더 빠르다. 인터넷이 전 세계적으로 1억 명의 사용자를 확보하는 데 약 7년의 시간이 걸렸지만, 비트코인은 그 절반도 안 되는 기간에 동일한 규모를 달성했다.

이러한 폭발적인 채택 속도는 가격에도 그대로 반영됐다. 2009

년 첫 거래 가격이 0.003달러에 불과했지만, 2025년 10월 현재 12만 5,000달러를 넘어섰다. 불과 16년 만에 약 4,166만 배 상승한 셈이다. 주식, 채권, 금, 부동산을 모두 합쳐도 이런 복리 곡선을 따라올 수 있는 자산은 없다.

이제 비트코인은 더 이상 개인 투자자들의 전유물이 아니다. 세계 최대 자산운용사 블랙록BlackRock이 출시한 비트코인 현물 ETF는 역사상 가장 빠르게 100억 달러의 자산을 모으며 모든 기록을 갈아치웠다. 과거 제이미 다이먼 JP모건 CEO가 "비트코인은 사기"라고 비판했지만, 이제 그는 누구보다 빠르게 비트코인 관련 상품을 내놓으며 주도권을 잡으려 하고 있다. 미국 정부 역시 과거 규제 일변도에서 벗어나, 도널드 트럼프 행정부하에 비트코인을 국가의 전략적 자산으로 채택하고 미국을 디지털 자산의 글로벌 허브로 만들려는 움직임을 보이고 있다.

이제 비트코인은 단순한 투자 대상을 넘어, 글로벌 금융 패권을 두고 벌어지는 고래들의 싸움의 중심에 있다. 비트코인의 가치를 빠르게 이해하고 포트폴리오에 담는 순간, 당신의 계좌는 퀀텀점프를 경험할 것이다.

이더리움: 미국의 희망, 스테이블 코인의 본체

이더리움은 화폐적 대체성을 지닌 비트코인과 달리 디지털 경제를 운영하는 인프라다. 특히 전 세계에서 발행되고 유통되는 스테이블코인의 대부분이 이더리움 네트워크 위에서 작동한다. 스테이블코인은 달러 등 법정화폐에 1:1로 연동되도록 설계된 디지털 암호화폐로, 가격 변동성을 최소화해 디지털 화폐 역할을 한다. 언제 어디서든 1달러와 동일한 가치를 지니며 글로벌 결제와 송금의 핵심 수단으로 빠르게 확산되고 있다.

미국은 스테이블코인을 단순한 암호화폐가 아니라, 달러 패권을 디지털로 연장하고 국채 수요를 유지하기 위한 도구로 육성할 수밖에 없다. 최근 통과된 '지니어스 법안GENIUS Act'은 스테이블코인을 발행하기 위해 반드시 미국 국채를 담보로 편입하도록 규정했다. 이는 스테이블코인의 성장 자체가 곧 미국 국채 수요로 연결되도록 만든 제도적 장치다. 현재 지정학적 긴장과 관세 갈등으로 인해, 과거 미국 국채를 꾸준히 매입해주던 중국·일본·중동 자금이 빠져나가고 있다. 이 공백을 메우고 국채 시장을 지탱할 수 있는 사실상 유일한 수요원이 바로 스테이블코인이다.

결국 미국은 스테이블코인을 적극적으로 키울 수밖에 없으며, 그 기반 인프라가 이더리움이다. 이더리움은 단순한 암호화폐가 아니라, 스테이블코인 생태계를 지탱하는 기술적 심장이다. 달러의 디지털 확장, 미국 국채 수요의 재창출, 글로벌 결제망의 주도권은 이더리움 위에서 작동한다. 따라서 이더리움은 더 이상 선택적인 투자 대상이 아니다. 그것은 미국 금융 패권의 지속 여부를 결정짓는 전략 자산이다.

넥스트 버블

2030 투자 공부의 핵심은 넥스트 버블을 발굴하는 일이어야 한다. 팔란티어, 아이렌, 로켓랩, 코인베이스, 아이온큐. 지금도 수많은 초기 버블단계의 주식들이 꿈틀대고 있다. 버블 초기, 이러한 기업들의 성장성이 확인되는 순간을 포착해 투자를 진행한다면 10~20배의 수익을 거둘 수 있다. 초기에는 가격이 크게 흔들리고 실적이 고르지 않지만, 시장의 수요와 서사가 붙는 지점부터 궤도가 달라진다. 중요한 것은 그 순간을 놓치지 않는 준비다.

물론 이러한 과정은 성공률이 높지 않을 것이다. 특히 투자경험이 쌓이지 않은 2030의 경우, 잘못된 종목에 투자하는 경우가 더 많을 것이다. 하지만 이 과정 또한 너무나 소중하다. 시행착오를 겪는 동안 무엇이 과장된 기대인지, 무엇이 실제 성장의 신호인지 구별하는 눈이 생긴다. 물론, 매그니피센트 7과 비트코인·이더리움에만 간단하게 투자하더라도 머리 아프지 않게, 높은 수익을 자연스레 가져올 수 있다.

그러나 이러한 방식이 당신의 투자 역량과 실력을 갈고 닦아줄 수 있을까? 그렇지 않다. 개별종목을 분석해보고, 실제 매수와 매도를 진행하며 나의 강약점을 파악하고, 나만의 원칙과 기준을 세우는 일은 2030 시기에 꼭 해야 하는 일이다. 숫자를 읽고, 가설을 세우고, 결과를 기록하는 이 순환이 반복될 때 비로소 원칙이 몸에 밴다. 시장의 흔들림 속에서도 나를 지켜줄 것은 남의 의견이 아니라 내가 세운 기준이다.

그렇기에 2030 투자자들은 포트폴리오의 10~20%는 꼭 이 넥스트 버블을 찾는 데에 투자하기 바란다. 물론 뼈아픈 하락을 맞을 수 있다. 하지만 뭐 어떤가? 우리는 많은 시간이 있고, 그 과정에 쌓인 실력은 당신을 부자를 만들어 줄 것이다. 손실은 지나가도 실력은 남는다. 오늘의 경험이 내일의 확신을 만들고, 그 확신이 결국 자산의 크기를 바꾼다.

4050, 안정적 현금 전환을 위해 변동성을 축소하라

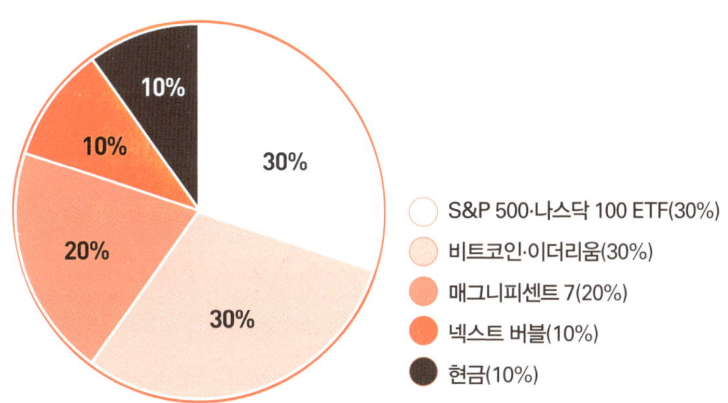

40대 이후의 자산 운용은 20~30대와는 뚜렷하게 다른 전략을 요구한다. 단순히 자산을 불리는 데 집중하는 시기를 지나, 이제는 이미 축적된 자산을 지키고 안정적으로 운용하는 것이 중요한 과제가 된다. 따라서 포트폴리오 설계에 있어 '성장'과 더불어 '보존'이라는 새로운 축이 반드시 추가되어야 한다.

40~50대에는 다양한 인생 이벤트로 인해 목돈이 필요할 때가

많다. 자가 주택 매입, 자녀 교육비, 부모 부양, 혹은 예상치 못한 의료비와 같은 지출이 대표적이다. 이처럼 단기간에 큰 금액이 필요해지는 상황은 누구에게나 찾아올 수 있다. 문제는 이러한 시기에 포트폴리오가 지나치게 변동성이 큰 자산으로만 구성되어 있다면, 현금화 시점이 시장 사이클과 맞지 않아 원치 않는 손실을 떠안게 될 수 있다는 점이다.

특히 40대부터는 근로소득이 점진적으로 상승하며, 그 축적 규모가 20~30대와는 다른 차원으로 커지는 경우가 많다. 운용 자산의 절대 규모가 커질수록, 시장 변동에 따른 감정적 동요와 심리적 부담 역시 비례하여 커진다. 자산이 커지는 만큼 더 큰 '안정성'이 요구되며, 이는 곧 투자 전략 전반에 균형 감각을 필요로 한다.

결국 40대 이후의 포트폴리오는 안정적인 ETF를 기반으로 구성하는 것이 핵심이다. ETF는 개별 종목보다 변동성이 완화되어 있어 갑작스러운 현금화 상황에서도 비교적 안전한 선택지를 제공한다. 동시에 변동성이 심한 자산 비중을 줄이고 장기적 관점에서 관리함으로써, 시장의 단기 사이클에 흔들리지 않는 투자 태도를 유지할 수 있다. 단순히 자산을 지키는 차원을 넘어, 인생의 여러 국면에서 안정적이고 지속 가능한 재무 기반을 마련하는 길이 된다.

S&P 500

워런 버핏은 2014년 버크셔 해서웨이 주주서한에서 자신의 유언장을 언급하며, 아내를 위한 자산 운용 지침으로 "90%는 S&P 500

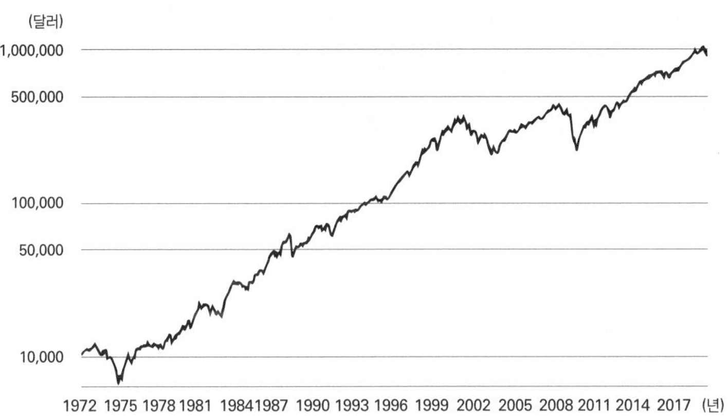

인덱스펀드에, 나머지 10%는 단기 국채에 투자하라"라고 적어두었다고 밝혔다. 그만큼 그는 장기적으로 미국 경제의 성장과 S&P 500 지수의 안정성을 신뢰했다. 버핏의 메시지는 단순하다. 개별 종목을 고르며 불필요하게 시장을 예측하려 하지 말고, 미국을 대표하는 500대 기업의 평균적 성장을 믿으라는 것이다.

나에게 S&P 500은 일종의 스마트한 적금과 같다. 단순히 은행에 돈을 넣어두는 적금이 인플레이션을 방어하지 못하는 반면, S&P 500은 장기적으로 물가 상승을 넘어서는 수익을 제공해왔다. 동시에, 매달 일정 금액을 적립식으로 투자하면 '시장의 변동성'이라는 잡음을 장기 성장의 곡선으로 바꿔낼 수 있다. 꾸준히 돈을 넣어두는 것만으로도 미국 경제와 함께 나의 자산도 성장하는 구조를 만들 수 있다는 점에서, 이보다 단순하면서도 강력한 전략은 드물다.

또한 S&P 500은 나의 투자 여정에서 '기본 축'이 되어준다. 불확실한 미래와 각종 변동성 자산 속에서 중심을 잡아주는 든든한 버팀목이다. 비트코인이나 개별 성장주처럼 폭발적인 상승 가능성을 가진 자산도 매력적이지만, 그것들이 언제나 주된 포트폴리오가 될 수는 없다. 결국 안정적인 기반이 있어야만 공격적인 투자도 가능하다. 나에게 S&P 500은 바로 그 기반이며, 장기적으로 자산의 무게중심을 잡아주는 역할을 한다.

포스트 60, 노후 대비를 위한 배당을 강화하라

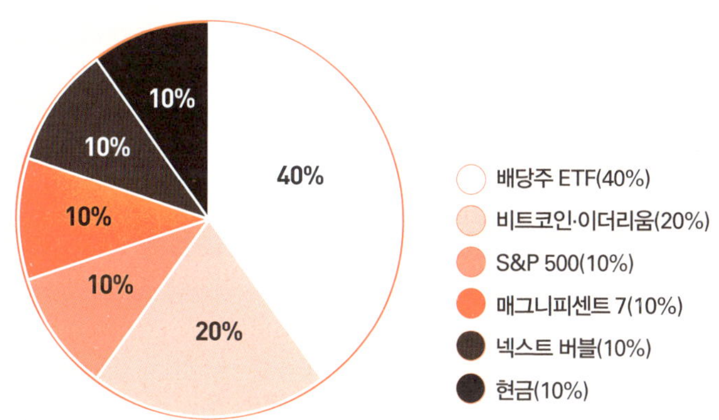

60대 이상부터는 투자 목적이 분명히 달라진다. 이제는 자산을 크게 불리는 것이 아니라, 노후를 안정적으로 준비하는 것이 투자의 제1 목표가 된다. 시장의 단기적 변동이나 고수익 기회에 집착하기보다, 꾸준히 생활을 지탱해줄 현금 흐름을 어떻게 확보할 것인지가 핵심 과제가 된다.

이 시기에는 특히 배당주와의 관계가 중요하다. 어떤 배당주가 자신의 성향과 재무 상황에 적합한지, 또 실제로 얼마 정도의 현금 흐름이 발생하는지를 직접 경험해보는 과정이 필요하다. 단순히 이론이나 과거 데이터로 이해하는 것을 넘어, 계좌에 매달 입금되는 배당금이 생활비와 어떻게 연결되는지를 체감해야 한다.

또한, 직장을 떠난 이후 근로소득이 사라진 상황을 가정해보는 훈련이 필요하다. 지금 하고 있는 일에서 얻는 월급이 더 이상 존재하지 않을 때, 배당금과 연금, 그리고 축적된 자산의 현금 흐름으로 어떻게 생활을 유지할 수 있을지를 미리 시뮬레이션해보아야 한다. 이 감각을 갖추는 것이야말로 노후 재무 안정의 출발점이다.

따라서 60대 이후 투자자는 고배당 ETF나 안정적인 배당기업을 탐색하는 데 집중해야 한다. 이는 단순히 배당수익률이 높은 종목을 고르는 것을 넘어, 장기적으로 배당을 유지하거나 증가시킬 수 있는 기업을 선별하는 안목을 요구한다. 이런 과정을 통해 만들어진 포트폴리오는 단순한 투자자산을 넘어, 노후의 생활 기반이자 안정된 삶을 보장하는 든든한 버팀목이 된다. 이제 이러한 목표를 실현하기 위해, 고려해볼 만한 대표적인 배당주 ETF들을 하나씩 살펴보려 한다.

튼튼함의 대명사, SCHD

SCHD는 마치 반에서 늘 1등을 놓치지 않는 모범생 같다. 아무회사나 담지 않고, 최소 10년 동안 한 번도 배당을 빠뜨리지 않았으며, 해마다 그 금액을 조금씩이라도 늘려온 기업 100개만을 품는다.

SCHD, JEPI, DGRO 비교표

티커	운용사	운용 수수료 (ER)	배당 수익률 (대략)	대표 종목 (Top Holdings)	특징
SCHD	Schwab	0.06%	약 3.5%	Broadcom, PepsiCo, Merck 등	배당 모범생. 10년 이상 배당 +성장 기업 100개, 안정+성장
JEPI	JPMorgan	0.35%	약 7~9% (월배당)	Microsoft, Apple + 커버드콜	현금 흐름 최강자. 커버드콜 전략, 매달 배당
DGRO	BlackRock (iShares)	0.08%	약 2.5%	Microsoft, Apple, J&J 등	배당 성장형. 5년 이상 배당 성장, 미래 잠재력 초점

단순히 배당을 주는 것만으로는 부족하다. 돈을 안정적으로 벌고, 빚이 적으며, 재무구조가 단단한 회사여야 한다. 그렇게 깐깐한 조건을 통과한 기업만이 이 ETF에 이름을 올릴 수 있다.

이런 기업들의 공통점은 위기에도 강하다는 것이다. 경제가 흔들리고 주식시장이 요동칠 때도, SCHD에 담긴 기업들은 꾸준히 이익을 내고 배당을 지급한다. 마치 폭풍우가 몰아치는 바다에서도 묵묵히 항로를 지키는 배처럼, 시장의 불확실성 속에서도 투자자에게 안정감을 준다. 덕분에 투자자는 단순한 배당수익뿐 아니라, 기업이 성장하면서 주가가 오르는 과실까지 함께 거둘 수 있다.

장기투자에서 중요한 것은 불필요한 비용을 줄이는 일인데, SCHD는 이 부분에서도 합격점을 받는다. 운용 수수료가 극도로 낮아 오래 투자할수록 복리의 힘이 크게 작용한다. 많은 투자자들은 SCHD를 단순한 ETF가 아니라, '노후와 미래를 함께 지켜줄 동반자'로 여긴다. 튼튼하고 모범적인 자산, 그것이 바로 SCHD다.

매달 월급을 더 주는, JEPI

JEPI는 투자자들에게 마치 또 하나의 '월급통장' 같은 존재다. 가장 큰 매력은 매달 꼬박꼬박 들어오는 높은 배당금이다. 단순히 기업에서 받는 배당만으로는 불가능한 수준인데, JEPI는 여기서 '커버드콜'이라는 독특한 전략을 활용한다. 커버드콜은 주식을 들고 있으면서, "더 오르면 팔겠다"는 옵션(콜옵션)을 팔아 그 대가로 매달 임대료처럼 돈을 받는 전략이다. 쉽게 말해, 내가 가진 주식이 크게 치솟을 때 얻을 수 있는 일부 수익을 미리 포기하는 대신, 그 대가로 매달 일정한 현금을 받아내는 방식이다.

이 구조는 부동산 월세에 자주 비유된다. 집값이 갑자기 두 배, 세 배로 오르기를 바라지 않는 대신, 매달 안정적으로 월세를 받으며 생활을 꾸려가는 것과 같다. 주가가 폭발적으로 오르지 않아도, 보유하고 있는 자산에서 '현금 흐름'을 만들어내는 방식이라는 점에서 투자자들에게 친숙하면서도 든든한 감각을 준다.

물론 시장이 가파르게 상승할 때는 JEPI의 수익률이 다른 ETF에 비해 낮을 수 있다. 그러나 시장이 지루하게 횡보하거나, 소폭의 하락을 이어갈 때는 오히려 더 좋은 성과를 낸다. 바로 이 안정적이고 꾸준한 성격 덕분에, 많은 투자자들이 JEPI를 선택한다. 특히 은퇴 이후 매달 생활비를 배당금으로 충당하고 싶거나, 안정적인 현금흐름을 최우선으로 삼는 투자자들에게는 JEPI만큼 매력적인 선택지도 드물다.

미래의 성장을 보고 투자하는, DGRO

DGRO는 현재의 배당 규모보다 앞으로 배당을 더 키울 수 있는 잠재력에 집중하는 ETF다. 물론 기본 요건으로 최소 5년 이상 배당을 늘려온 기업만을 담지만, 과거의 성적표에만 집착하지 않는다. 지금 당장은 배당금이 크지 않아도, 탄탄한 실적과 여력을 갖춘 기업이라면 앞으로 더 많은 배당을 지급할 가능성이 크다고 보는 것이다.

이를테면 어떤 회사가 막대한 이익을 내고 있음에도 불구하고 아직 배당금은 소폭만 지급하고 있다면? 이런 기업은 미래에 배당금을 크게 늘릴 수 있는 여지가 충분하다. DGRO는 바로 이런 기업들을 찾아내어 포트폴리오에 담는다. 투자자는 당장 높은 배당률을 누리지 못할 수도 있지만, 시간이 지남에 따라 배당이 기하급수적으로 성장하는 과정을 함께 경험할 수 있다.

그래서 DGRO는 단기적인 현금 흐름보다는 장기적인 배당 성장과 기업의 미래 가치를 보고 투자하는 성향에 더 잘 맞는다. 매달 들어오는 큰 배당 대신, 시간이 흐르며 배당이 점점 커지고 자산이 자연스럽게 불어나는 모습을 지켜보고 싶은 투자자에게 DGRO는 매력적인 동반자가 된다.

지금 당신의
엔진을 켜라

당신은 이제 투자를 통해 삶을 바꿀 부를 쌓는 모든 단계를 배웠다. 이 책의 첫 장에서 우리는 '마인드 재정립'이라는 기초를 세우는 일부터 시작했다. 돈과 시장을 바라보는 태도, 그리고 자기 자신을 다루는 방법이 달라져야 한다는 점을 이야기했다. 그 위에 기본기라는 토대를 놓고, 습관이라는 기둥을 세우고, 마지막에 기술이라는 도구를 장착하는 과정까지 왔다. 이 네 단계는 이제 당신의 손안에 하나의 '지도'로 완성되었다.

그러나 지도만으로는 목적지에 도착할 수 없다. 지도는 방향과 경로를 알려줄 뿐, 실제로 그 길을 가게 만드는 힘은 따로 있다. 그 힘이 바로 '실천'이다. 엔진이 켜지지 않으면, 설계가 아무리 정교해도 움직임은 0이다. 이 결론에서 내가 전하고 싶은 메시지는 단순하다. 이제 당신의 엔진을 켜야 할 시간이다.

투자에서 성공한 사람과 그렇지 않은 사람의 차이는 배운 내용의 양이 아니라, 그 내용을 얼마나 실행했는지에 달려 있다. 지식을 쌓는 것만으로는 계좌의 숫자가 변하지 않는다. 실행이 없으면 지식은 저장된 데이터에 불과하다. 실천이 시작되는 순간부터, 지식은 경험으로 바뀌고, 경험은 계좌의 변화로 이어진다. 이 변화는 단발적인 수익이 아니라 장기적으로 쌓이는 복리를 만든다.

복리는 많은 투자자들이 가장 좋아하는 개념이지만, 대부분은 이를 단순히 원금이 불어나는 금융 공식 정도로만 이해한다. 원금에 이자가 붙고, 그 이자에도 또다시 이자가 붙어 눈덩이처럼 불어나는 수학적 개념 말이다. 그러나 내가 강조하는 복리는 그보다 훨씬 넓고, 더 근본적인 차원의 개념이다. 숫자의 복리만이 아니라, '행동의 복리'가 있다. 금융 복리는 자본을 키우지만, 행동의 복리는 정체성을 키운다. 이 차이는 단순히 자산 규모의 변화를 넘어, 투자자의 존재 자체를 바꿔놓는다.

행동의 복리는 실행과 학습이 끊임없이 맞물려 돌아가는 과정 속에서 만들어진다. 당신이 시장을 분석하고, 원칙에 따라 매수·매도를 실행하고, 그 결과를 점검하는 일련의 행동들이 하루, 일주일, 한 달, 그리고 해마다 누적된다면, 행동 그 자체가 자산을 불리는 구조가 된다. 여기서 중요한 건, 개별 실행이 얼마나 성공적이었는지가 아니라, 실행이 반복되는 과정 그 자체다. 단기적인 결과가 좋지 않아도, 그 경험은 다음 판단을 더 정교하게 만들고, 더 나은 의사결정을 이끌어낸다.

하루의 작은 실행이 모여 1년이 되면, 당신은 전혀 다른 관점과 판단력을 가진 투자자가 된다. 과거에는 불확실하게 보였던 시장의 움직임이 이제는 일정한 패턴으로 보이기 시작하고, 감정이 요동치는 순간에도 차분히 원칙을 지킬 수 있게 된다. 이 판단력의 변화는 다시 더 나은 실행을 가능하게 한다. 즉, 실행이 학습을 낳고, 학습이 다시 실행을 강화하는 순환 구조가 형성되는 것이다. 이 구조가 작동하는 한, 투자자는 시간이 지날수록 더 강해진다.

행동의 복리는 시작 시점에서는 거의 보이지 않는다. 계좌의 숫자가 당장 변하지 않기 때문에, 많은 사람들이 초반에 포기한다. 그러나 6개월, 1년, 3년이 지나면 누군가는 여전히 제자리에서 계획만 세우고 있는 동안, 꾸준히 실행한 사람은 완전히 다른 투자자, 다른 자산 상태가 되어 있다. 초기의 작은 차이가 시간이 지날수록 기하급수적으로 벌어지는 이유가 바로 여기에 있다. 복리는 시간이 당신 편에 설 때만 작동한다. 그리고 시간이 당신 편에 서도록 만드는 건 꾸준한 실행뿐이다.

당신의 투자 성공은 더 이상 '언젠가'의 이야기가 아니다. 이제 그것은 눈앞에 다가온, 손을 뻗으면 닿을 수 있는 현실이다. 당신의 손에 쥔 지도는 언제든 길을 잃지 않게 지켜줄 것이고, 당신의 실천이라는 엔진은 계좌의 숫자를 바꿔놓을 것이다. 당신은 이미 그 길을 알고 있다. 방향은 명확하고, 경로는 준비되어 있다. 남은 건 발을 내딛는 용기뿐이다.

오늘 이 책을 덮는 순간, 선택은 전적으로 당신에게 달려 있다. 지도를 서랍 속에 넣고 먼지 쌓이게 할 것인가, 아니면 지금 당장

길 위에 나서서 첫 발자국을 남길 것인가. 나는 이미 당신의 답을 알고 있다. 왜냐하면, 이 책을 끝까지 읽은 당신은 결코 가만히 있을 수 없는 사람이라는 걸 알기 때문이다.

그러니 주저하지 마라. 머릿속에서만 계획하던 미래를, 지금 이 순간부터 당신의 손으로 만들기 시작하라. 오늘의 작은 실행은 내일의 큰 변화를 만든다. 하루의 행동이 쌓이면 한 달의 관성이 생기고, 그 관성이 쌓이면 1년 후의 당신은 지금의 당신과 전혀 다른 위치에 서 있을 것이다. 그리고 그 변화를 만들어내는 힘은 단 한 번의 '결심'이 아니라, 오늘 시작한 그 발걸음을 계속 이어가는 '지속성'이다.

지금 당신의 엔진을 켜라. 매수 버튼을 누르는 손끝에, 시장을 점검하는 눈빛에, 흔들림 없이 원칙을 지키는 마인드에 불을 붙여라. 그러면 지도는 더 이상 머릿속의 그림이 아니라, 실제로 당신을 성공이라는 목적지로 데려가는 길이 될 것이다. 그리고 그날이 오면, 당신은 거울 속 자신을 보며 이렇게 말하게 될 것이다.

"나는 망설이지 않았다. 나는 실천했다. 그래서 지금의 내가 있다."

그 말은 단순한 회상이 아니라, 수많은 선택과 행동이 쌓여 완성된 당신의 투자 여정에 대한 선언이다. 당신은 이제 안다. 성공은 운이 아니라 선택에서 오고, 선택은 반복되는 실천 속에서 완성된다는 것을. 이 여정을 걸어온 당신은 더 이상 '언젠가 부자가 될 사람'이 아니다.

당신은 이미 부자가 되었다.

그리고 앞으로도 계속 그럴 것이다.

30살 백만장자 투자일기

초판 1쇄 2026년 2월 6일

지은이 홍종호
펴낸이 허연
편집장 유승현

책임편집 이예슬
편집부 정혜재 김민보 고병찬 장현송 민경연
마케팅 한동우 박소라 김영관
경영지원 김정희 오나리
디자인 김보현 한사랑

펴낸곳 매경출판㈜
등록 2003년 4월 24일(No. 2-3759)
주소 (04557) 서울시 중구 충무로 2(필동1가) 매일경제 별관 2층 매경출판㈜
홈페이지 mkbook.mk.co.kr   **스마트스토어** smartstore.naver.com/mkpublish
페이스북 @maekyungpublishing   **인스타그램** @mkpublishing
전화 02)2000-2612(기획편집) 02)2000-2646(마케팅) 02)2000-2606(구입 문의)
팩스 02)2000-2609 **이메일** publish@mkpublish.co.kr
인쇄·제본 ㈜M-print 031)8071-0961
ISBN 979-11-6484-853-9(03320)